울지 마!
제이

울지 마! 제이

초판 1쇄 발행 2017년 2월 6일
초판 2쇄 발행 2017년 2월 22일

지은이 **김재원** · 발행인 **권선복** · 편집주간 **김정웅** · 편집 **심현우** · 교정 **김병민** · 디자인 **최새롬** · 전자책 **천훈민** · 발행처 **도서출판 행복에너지** · 출판등록 제315-2011-000035호 · 주소 (07679) 서울특별시 강서구 화곡로 232 · 전화 0505-613-6133 · 팩스 0303-0799-1560 · 홈페이지 www.happybook.or.kr · 이메일 ksbdata@daum.net

값 15,000원
ISBN 979-11-5602-468-2 03190

행복한에너지는 독자 여러분의 아이디어와 원고 투고를 기다립니다. 책으로 만들기를 원하는 콘텐츠가 있으신 분은 이메일이나 홈페이지를 통해 간단한 기획서와 기획의도, 연락처 등을 보내주십시오. 행복한에너지의 문은 언제나 활짝 열려 있습니다.

울지 마!
제이

김재원

지음

도서
출판 행복에너지

"제이!
너의 성공을 위한 비밀은 바로 이거야!
넌 절대로 울지 마!"

난 오래전부터 영화나 책 속에서 보고 느낀 감명 깊었던 이야기나 명언들, 성공한 사람들이 감격의 눈물을 흘리며 들려주었던 말들, 산책을 하거나 잠을 청하던 중에 문득 떠오른 생각들 등을 그때그때 달달 외우고 또 아무 격식도 없이 쪽지에 적어 두었다.

시간이 꽤 지난 지금은 더욱 마음을 찡하게 하고, 때로는 웃기기도 하고 눈물을 흘리게 하는 그 쪽지 속의 이야기 또는 명언들은 동서고금을 막론하고, 영원히 빛나는 가치를 지니고 있는 것들이라고 생각한다.

돌이켜보면 그것들은 언젠가부터 삶의 길에서 내가 방황할 때마다 가야 할 길을 묻고, 그 길을 가르쳐 주는 최고의 스승이 되어주었다고 믿고 싶다.

어느 날 우연히 거울 속에 비춰진 내 모습을 바라보다가, 난 거울 속에 비춰진 얼굴, 바로 그 [J]에게 그 쪽지들을 하나씩 또박또박 읽어 주면서,

"제이!

너의 성공을 위한 비밀은 바로 이거야!

넌 절대로 울지 마!"라고 속삭였다.

그리고 언젠가는 그 소중한 쪽지 속의 이야기와 명언들을 사랑하는 또 다른 제이들에게 전해주면서, 내 마음속 깊이 새겨 두었던 것들도 함께 말해 주고 싶었다.

"인생목표가 인생을 즐겁게 한다."

"성공의 비결은 〈남에게 대접받고자 하는 대로 남을 대접하라!〉는 황금률에 있는 것이다."

"나만이 내 인생을 바꿀 수 있다. 아무도 날 대신해 해 줄 수 없다."

"남을 위한 배려는 곧 나를 위한 것이다."

"욕심은 수많은 고통을 부르는 나팔이다!"

"웃을 수 없다면, 모두 돌아버릴 것이다."

"네 시간은 간다!

지금 이 순간에도 네 시간은 간다!

그리고 그 시간은 절대로 돌아오지 않는다!"

"옛 친구를 잃으면, 천하를 잃는다."라는 것들이 바로 그 쪽지 속에 담겨진 것들이며, 나의 삶을 바꾸어 준 메시지다.

"나는 모든 것을 즐기고 싶다.

하루하루가 인생의 마지막 날인 것처럼 유쾌하게 살고 싶다."

이 말은 아카데미상을 수상한 영화 〈The Last Time I Saw

Paris, 내가 마지막 본 파리〉에서 전설적인 미녀 배우 엘리자베스 테일러가 말해 준 메시지다.

언제 어디서나 이 메시지는 인생의 길을 어떻게 가야 하는지를 나에게 또렷하게 가르쳐주었다고 난 지금도 속삭이고 있다.

이 책과 인연이 된 모든 제이들도 내가 수백 수천 번 외우고 또 적어두었던 그 쪽지들 덕분에, 먼 훗날 자신들이 살아온 삶에 대해 조금이나마 덜 후회하게 되었다고 나지막이 속삭일 수 있게 된다면, 얼마나 좋을까 하는 마음으로 이 책에 그것들을 모두 담아 쓴다.

2016. 한 해의 끝자락에 제이들을 생각하며,

저자 김재원 씀

목차

1.
걱정은 이제 그만

2.
쉽게 절망하지 마

3.
시작했으면, 끝까지 해 봐

4.
인생의 주인공이 되라

5.
하루하루가 마지막 날이라고 생각하라

1.

걱정은
이제
그만

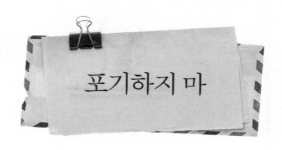

포기하지 마

제이!

포기하지 마! 왜 포기하려고 하니? 너무 힘들다고 고민하지 마! 정상이 가까워질수록 힘이 들고, 괴롭기 마련이야. 등산하면서 우린 경험했지? 숨이 목까지 차오르고 죽을 것만 같을 때, 주저앉고 싶었잖아. 그때 겨우 몇 걸음 더 걸었을 뿐인데, 어느새 시원한 바람이 맞이해 주는 정상에 설 때, 그 기분 어땠어?

정상 코앞에서 포기하고 싶었을 때, 포기하고 괴로운 몸을 끌고 힘없이 내려왔다면, 지금도 네 머릿속에 그려지는 그 산 정상에는 시원한 바람이 아닌, 두려움과 아쉬움의 바람만 불고 있지 않겠니?

힘들고 괴로워서 포기하고 싶니? 산 정상에 오르던 그때처럼, 한 걸음만 더 걸어봐! 그리고 이 순간이 바로 네 눈앞에 온 산봉우리들이 펼쳐지고 있는 짜릿한 순간이라고 큰 소리로 외쳐봐! 그럼, 산 정상에 섰을 때처럼, 시원한 바람이 이마에 흐른 땀을 상큼하게 날려 주지 않겠어?

"숨이 목까지 차오른다. 죽을 것만 같다. 하지만 난 계속 뛰어야만 한다. 왜냐하면 내 생의 마지막 월드컵이 될지도 모르니까." 이 말은 홍명보 감독이 선수 시절, 인터뷰 중에 들려준 말이야. 너도 잘 음미해 봐! 이 말을 음미해서 손해를 보는 일은 없을 테니까. 만약에 이 말을 음미해서 손해를 봤다면, 걱정하지 마! 내가 다 보상해 줄게.

"세상의 어떤 것도 굴하지 않는 인내의 힘을 이길 수 없다. 어떤 재능도 그걸 대신할 수 없다. 재능을 가진 자가 성공하지 못하는 경우도 흔하기 때문이다. 천재도 마찬가지다. 인정받지 못하는 천재는 비웃음거리밖에 되지 않기 때문이다. 교육 하나만으로도 대신할 수 없다. 세상에는 교육받은 부랑자들도 많기 때문이다. 오직 인내와 강한 결심만이 전능한 것이다." 이 말은 미국 30대 대통령인 캘빈 쿨리지가 들려준 이야기야. 책상 앞에 붙여 놓고 읽어봐! 읽을 때마다 정신 차리게 해 줄 거야. 만약에 읽어도 정신이 들지 않는다면, 방법이 하나 있어. 물구나무서기야! 정신 차려질 때까지 거꾸로 서 있어봐!

세계적인 베스트셀러인 『마음 가는 대로 해라!』의 작가 앤드류 매튜스, 그도 "태양이 어김없이 솟아오르듯, 참고 견디면 반드시 보상이 있다."고 하잖아. 그는 또 "탁월한 성취 뒤에는 언제나 끈덕지게 버티는 힘이 숨어 있는 법이다. 버텨라. 끝내 버티면 이긴다."고도 하잖니? 너도 그 말을 믿고 버텨봐!

"한 마리의 개미가 한 알의 보리를 물고 담벼락을 오르다가 예순 아홉 번을 떨어지더니, 마침내 일흔 번째 목적을 달성하는 것을 보고 용기를 회복하여, 드디어 적과 싸워 이긴 전쟁 영웅의 이야기가 있다. 그것이 동서고금에 걸쳐서 변치 않는 성공의 비결이다." 이 이야기는 영국의 해군 대령 출신의 탐험가였던 로버트 스콧이 전해 주는 이야기야. 잘 음미해 봐! 일흔 번째까지 떨어지고, 일흔한 번째에 목적을 달성해도 결코 늦지 않아.

목표에 도달할 수 있다는 신념을 갖고 버텨!
개미만도 못한 존재일 수는 없잖니?

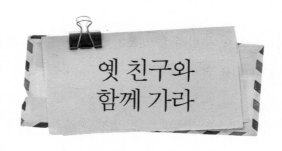

옛 친구와
함께 가라

제이!

옛 친구와 함께 가! 좋은 친굴 얻고 싶다고? 그건 아주 쉬운 일이
야. 좋은 친구를 얻는 방법 중 가장 쉬운 방법은, 먼저 좋은 친구가
되어 주는 거라고 하잖아. 친구가 좋아하는 것을 해 주는 것도 좋지
만, 더 좋은 것은 친구가 싫어하는 것을 하지 않는 것 아니겠니? 친
구가 무엇을 싫어하는지, 잘 살펴봐! 그럼 친구도 네가 싫어하는 것
은 절대로 하지 않을 테니까. 너는 친구가 싫어하는 짓만 골라서 해
놓고, 친구가 좋은 짓만 해 주기를 기다린다면, 얼마나 웃기겠어? 완
전 웃기는 짬뽕이겠지.

이제부터라도 친구에게 해 주고 싶은 말을 하기보다는, 친구가 듣고 싶어 하는 말을 해 줘봐! 그럼 친구도 언제 어디서나 네가 듣고 싶어 하는 말만 골라서 해 줄 테니까. 그땐, 넌 "엄마! 내 친구가 달라졌어요!"라고, 환호성을 지르게 될 거야. 친구에게 해 주고 싶은 말, 친구가 듣고 싶어 하는 말 중에, 오늘은 친구에게 어떤 말을 해 주고 싶어? 망설일 것 없어! 친구가 듣고 싶어 하는 말을 해 줘! 더 이상 후회하고 싶지 않다면 말이야.

『사기史記』의 저자이자, 중국 최고의 역사가로 칭송받아 온 사마천, 그는 "옛 친구를 잃으면, 천하를 잃는다."고 열변을 토하던데, 어떡하면 옛 친구를 잃지 않을 수 있을까? 그 비법은 무엇일까? "친구에게 속는 것보다, 그를 못 믿는 것이 더 수치스럽다."는 옛 속담을 씹고 또 씹어봐! 그럼 옛 친구를 잃지 않는 비법을 알 수 있을 거야.

그리고 새로운 친구를 수십, 수백 명 더 만드는 것보다, 옛 친구 하나를 잃지 않는 것이 훨씬 낫다는 것도, 조금씩 깨닫게 될 거야. 오래된 좋은 친구 한 명은 새 친구 수백 명과도 바꿀 수 없는 존재라는 걸 잊지 마! 오래된 좋은 친구는 그 자체가 네 삶의 앙꼬이니까. 찐빵에 앙꼬 없으면, 아무 맛이 없지? 삶도 옛 좋은 친구 없으면, 무슨 재미가 있겠니? 앙꼬 없는 찐빵이나, 옛 좋은 친구 없는 삶이나, 그게 그거겠지.

　이 말이 싱겁다면, 앙꼬 없는 찐빵 배 터지게 먹어봐! 그건 괴로움일 거야. 중학생 때 모자 삐뚤게 쓰고 먹던, 찐빵 생각난다. 오래된 좋은 친구랑 서로 앙꼬 있는 맛 좋은 찐빵이 되어 주면, 어떻겠니? 김이 모락모락 나는 찐빵 생각하면, 옛 친구 얼굴이 떠오르지 않아? 그런 친구랑 찐빵처럼 맛있게 살아 봐! 그 친구도 널 기억할 거야. 맛있는 찐빵 기억하듯이! 돈 없어도, 그런 친구가 최고야! 그런 옛 친구를 잊지 마! 옛 친구 한 명이 새로운 친구 천 명보다 나으니까.

　살면서 그런 친구 한 명이면, 충분하잖니?
　두말하면 잔소리라고? 아! 미안해!

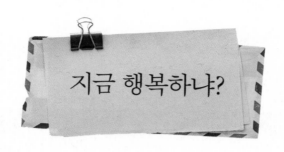

지금 행복하냐?

제이!

지금 행복해? 넌 지금 행복하다고 생각해? 아니면, 불행하다고 생각해? 행복한지도 불행한지도 모르고, 그럭저럭 살아가고 있다고? 응, 나도 너처럼 그렇게 살아온 날이 대부분이었어. 하지만 오늘부터는 좀 달라지면 어떨까? 어떻게 달라지냐고? 예를 들어서, 네가 살아가는 동안 삼 일간만 볼 수 있다면, 넌 뭘 보려고 하겠니? 얼른 대답하기가 힘들어? 그럼 이런 사람의 이야기를 참고해 봐!

미국의 작가이며, 시청각 장애인이었던 헬렌 켈러, 그녀가 남긴 말이야. "나에게 삼 일만이라도 세상을 볼 수 있는 기회가 주어진다면, 첫째 날은 사랑하는 이의 얼굴을 보고 싶다. 둘째 날은 밤이 아침으로 바뀌는 기적을 보고 싶다. 셋째 날은 사람들이 오가는 평범한 거리를 보고 싶다."

얼마나 가슴이 뭉클한 이야기냐? 볼 수 있다는 것 하나만으로도 얼마나 큰 축복이겠어? 헬렌 켈러 그녀가 자신의 시각과 청각의 장애를 앤 설리번 선생과 자신의 노력으로 극복해 나가던 그녀의 유년시절을 다룬 〈미라클 워커〉라는 영화가 있어. 그 영화로 인해, 그녀의 감동적인 삶의 이야기는 한순간에 전 세계로 뻗어 나갔고, 세상 사람들은 감동의 눈물을 흘렸다고 하잖니?

너는 일생 동안 네 마음대로 볼 수 있고, 듣고 싶은 대로 들을 수 있잖니? 그런데도 도대체 왜 자신 있게 행복하다고 말 못 하고, 우물쭈물 대? 바보처럼! 오늘부터 난 자신 있게 "행복하다!"고 말할 수 있는 사람으로 확 달라질 거야. 너도 나와 함께 이렇게 달라지면, 좋지 않겠니? 스스로 자신이 행복한 사람이라고 생각하면, 그냥 행복한 거야. 또 스스로 불행한 사람이라고 생각하면, 당연히 불행한 것이고 말이야.

이것도 선택은 오직 네 자유야. 이왕이면, 좋은 쪽으로 선택하길 바랄 뿐이지. 너에게만 분명하게 말해 줄게. 네 눈으로 볼 수 있고, 네 귀로 들을 수 있다면, 그것만으로도 행복하다고 말할 수 있는 조건은 충분해!

　"나는 행복합니다. 나는 행복합니다. 나는 행복합니다. 정말, 정말 행복합니다." 이 말은 가수이신 윤항기 목사님께서 즐겨 불러주시던 노래 〈나는 행복합니다〉의 가사 중 일부야. 이 노래를 부를 때, 그분의 모습이 얼마나 행복하게 보였어? 부럽지 않았어? 지금도 늦지 않았어. "나는 행복합니다."라는 말을 노래 부르듯, 달고 다니며 살아 봐! 그럼 네 인생도 네가 말한 대로 행복해질 거야.

　그래서 예부터 "말이 씨 된다."고 한 거야.
　알았어? 알았으면, 그렇게 해 봐!
　손해 볼 일 없을 테니까.

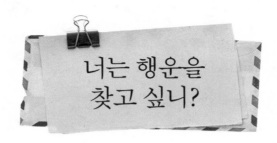

너는 행운을
찾고 싶니?

제이!

너는 행운을 찾고 싶니? 아니면 행복을 찾고 싶니? 당연히 둘 다라고 하겠지. 그럼 잘 들어봐! 네잎클로버가 행운을 상징한다고 해서 행운을 얻으려고 하는 사람들이 마구 세잎클로버를 짓밟고 다니면서, 네잎클로버를 찾아 헤매고 있잖아. 그런데 중요한 것은 세잎클로버는 행복을 상징한다는 것이야. 가까이에 있는 행복을 짓밟으며, 멀리 있는 행운을 찾아 헤맨다는 것이 우습잖니?

곁에 있는 세잎클로버, 바로 곁에 있는 행복을 놓치지 않는 것이 훨씬 더 중요하지 않겠니? 일단 가까이에 있는 행복부터 도망가지 못하게 붙잡아 두고, 그런 다음 멀리 있는 행운을 찾아 나서야 하지 않겠어? 어느 것을 먼저 선택하든, 그건 오직 네 자유야! 다만 힌트는 줄게! "행복은 가까운 곳에, 행운은 먼 곳에 있다." 난 망설이지 않을 거야. 바로 옆에 있는 행복, 세잎클로버부터 따겠어.

너도 한 번 나를 따라서 해 봐!
손해 보는 셈 치고,
손해 보면, 다 보상해 줄게!

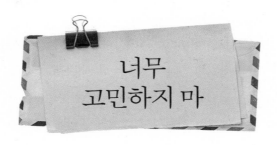

너무
고민하지 마

제이!

너무 고민하지 마! 네가 지금 고민하는 그것도 사소한 일일 뿐이야. "사소한 일에 목숨 건다."는 건, 바보짓 아니겠니? 누군가가 화나게 할 땐, 아직 그런 것에 목숨 걸긴 너무도 아까울 때라며 슬쩍 웃어 넘기면 어떨까? 이 세상에 시간이 지나고 나면, 사소하지 않은 일은 아무것도 없다고 하잖아. 그 말에 잠시만 귀 기울여봐! 그러면 목숨 걸 일이 없다는 사실도 저절로 깨닫게 될 거야.

네가 지금 손에 꽉 쥐고, 놓치지 않으려고 발버둥 치는 것도 실은 시간이 조금만 지나고 나면, 하찮은 거잖아. 그런 것에 욕심쟁이 꼬마 녀석처럼 목숨 걸었던 게, 스스로도 골 때리게 웃겼던 적이 있잖아. 모든 게 다 그 순간만 지나면 웃기는 일일 뿐이야. 지금 이 순간에 벌어지고 있는 사건도 내일이면 영원히 돌아오지 못할 역사 속으로 사라질 뿐이겠지?

믿어지지 않는다면, 겨우 한 달 전에 있었던 사건을 낱낱이 기억하고 있는 사람이 몇 명이나 있는지 알아봐! 만약 아직도 그 사건을 기억하고 있다면, 그 사람은 완전 천재거나 정말 한심할 정도로 완전 미친 사람일 거야. 그런 녀석을 "미친놈 중에 상 미친놈!"이라고 부르는 거야. 알고 보면, 잘 잊어버리는 것도 진짜 능력이야. 사소한 일에 목숨 걸고 싶다는 녀석이 있으면, 목숨 팍팍 걸라고 해! 안 말릴 테니까.

그 녀석들은 목숨도 두 개냐?
넌 그러지 마!
넌 목숨이 하나잖아.

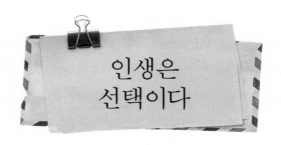

인생은
선택이다

제이!

인생은 선택이다! 선택의 순간에는 반드시 욕심의 그림자가 찾아
온다!

"순간의 선택이 인생을 좌우한다."고 하잖아. 그래서 선택이란 늘
고민스럽기도 하고, 중요한 일이야. 삶이란 바로 선택의 연속이니까.
어느 쪽을 선택할 것인지 고민스러울 땐, 쉽게 얻을 수 있거나, 소중
한 것부터 선택하면 되지 않겠니?

너무 욕심부리는 것은 당연히 금물! 모든 선택을 망치는 원인은

지나친 욕심에 있어. 지나친 욕심은 균형이 잘 잡혀있던 마음을 한순간에 혼란스럽게 만들어 버리지. 그리고 그 혼란스러운 마음의 상태에서 선택을 해 버리기 때문에 실수하게 되잖아. 이처럼 선택의 실수는 지나친 욕심에서 나오고, 삶의 고통과 괴로움은 그 선택의 실수에서 나오는 거야. 또 지나치게 욕심을 내는 건, 자기 분수를 모르기 때문이고.

"산토끼 잡으려다 집토끼까지 놓친다."는 말 있잖아. 두 마리 토끼를 다 잡겠다고 호언장담하는 녀석들은 대부분 두 마리 모두 다 놓치고 말잖니? 실은 그 녀석들은 어느 토끼를 잡는 것이 더 이로운지조차도 모르기 때문에 허세만 떠는 거야. 산토끼든 집토끼든 너에게 어느 것이 더 이로운지 판단해서 선택했으면, 그것부터 차지하고 나머지는 나중에 고민해도 늦지 않을 거야.

일단 쉽게 얻을 수 있는 집토끼부터 잡는 것이 어떨까? 당연하겠지? 유교의 경전인 『예기』에도 "인생의 즐거움을 지나치게 욕심을 부리는 것보다 욕심을 줄이는 것에서 찾아라! 올바른 마음을 가지고 욕심을 억제하면, 그 속에 절로 즐거움이 있으며, 또한 봉변을 면하게 되리라! 헛된 욕심을 버리면, 심신이 즐겁다."라고, 나와 있잖아.

이제 알겠어? 지나치게 욕심을 부리며 두 마리 토끼를 모두 잡겠다고 까불다가, 봉변만 당한다고 하잖니? 또, 지은이는 알 수 없지만, 『우파니샤드』에는 이런 말이 적혀 있잖아. "버림으로써 얻으리라! 그대여, 탐내지 마라!"

자나 깨나, 한 번씩 읽어 봐!
조금은 도움이 될 거야.

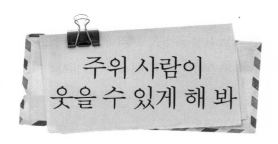

주위 사람이
웃을 수 있게 해 봐

제이!

주위 사람이 웃을 수 있게 해 봐! 네가 희망이 있는 사람이란 걸
어떻게 보여 줄 수 있겠어? 꽤 고민스럽지? 내 주위에서 웃음소리가
사라졌다면, 난 더 이상 희망이 없는 사람이라는 것을 알려주는 신
호가 아니겠니? 짬이 날 때 생각해 봐! 잘나가는 사람들 곁에는 언제
나 웃음소리가 끊이지 않지만, 지지리도 못 나가는 사람들 곁에는 하
나밖에 없는 자신의 목까지 내걸면서, 싸우는 소리뿐이잖아. 마치 이
세상에서 자기가 가장 잘난 사람인 것처럼 말이야.

하지만 아무리 잘났어도 싸우기 좋아하는 사람은 웃기 좋아하는 사람을 죽어도 못 따라가는 법이야. 싸우는 방법보다, 웃는 방법을 먼저 배워 보면 어떻겠니? 싸워서 이기는 것보다, 웃으며 져 주는 것이 훨씬 나을 거야! 최후의 순간까지 즐겁게 웃을 수 있는 사람이 이 세상에서 가장 강한 사람이란 걸 잊지 마! 웃으며 져 주는 자가 결국 이기는 자가 되는 거야.

『동물 농장』의 저자인 영국 소설가 조지 오웰, 그도 "전쟁을 끝내는 가장 빠른 길은 전쟁에 지는 것이다."라고 했잖아. 지금도 누군가랑 피 터지게 싸우고 있어? 그럼 이기려고 용쓰지 마! 그냥 웃으며 져 줘! 웃으며 져 주면, 결국 네가 이겨! 그 이유는 묻지 마! 곧 알게 될 테니까. 너도 희망이 있는 사람이 되고 싶다면, 그건 아주 간단해.

"주위 사람에게서 웃음소리가 사라지지 않도록 해 봐!"
오직 그뿐이야!

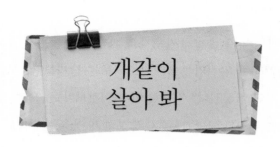

개같이
살아 봐

제이!

개같이 살아 봐! "개 같은 놈!"이라고 하면 기분 나쁘겠지? 나도 그랬어. 하지만 억울한 쪽은 오히려 개가 아닐까? 개는 한번 주인을 섬기면 주인이 배반하지 않는 한, 절대로 배반하지 않고, 의리를 끝까지 지키잖아. 또, 개는 조그만 칭찬에도 마냥 행복을 느끼고, 좋아 죽겠다며 꼬리를 치고 난리잖아. 개는 주인에게 꾸중을 듣고 난 후에도 지난 과거는 깨끗이 잊고, 주인의 인기척 소리만 들려도 달려 나와서 반기잖아.

개는 죽을 때까지 즐겁게 살겠다고 맹세한 애들 같지 않니? 신도 그들을 즐겁게 해 주기 위해서 사람보다도 수천 ㅓ수만 배 예민한 후각, 청각 능력 같은 것들을 선물한 것 아니겠니? "개 같은 놈!"이라고 하면 기분 나쁠 것이 아니라, 즐거워야 하는 것 아니겠어? "개보다도 못한 놈!"이라고 하면 몰라도 "개 같은 놈!"이라고 하면, 개처럼 정말 즐겁게 살고 있는 건가, 한 번 더 생각해 보는 것은 어떨까?

사람의 행복지수보다 개의 행복지수가 훨씬 높다는 거야. 그 이유가 뭘까? 난 그 이유가 뭐든 상관없어. 오늘부터 개같이 살 거야. "개 팔자가 상팔자"라고 했잖아.

너도 개같이 살아 봐!

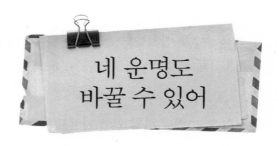

네 운명도
바꿀 수 있어

제이!

네 운명도 바꿀 수 있어! 쥐 백 마리와 고양이 한 마리가 싸운다면, 어느 쪽이 이길까? 쥐 백 마리가 덤벼들면, 고양이 한 마리쯤은 우습다고? 그건 싸워 봐야 안다고? 싸워 볼 필요도 없어! 고양이가 이겨! 그 이유가 뭐냐고? 그 이유는 바로 이거야.

"고양이는 한 마리 쥐와 백 번 싸울 뿐"이기 때문이야! 백 마리의 쥐가 놀고 있는 곳에 고양이 한 마리가 나타나면, 쥐들은 힘을 합쳐서 한번 싸워 보려는 생각은 해 보지도 않고, 한 줄로 나란히 줄 서서

고양이에게 "날 잡아 드시오!" 하고, 한 마리씩 잡아먹히기 위해서 걸어갈 뿐이야.

　백 마리의 쥐들은 한 마리도 예외 없이 자신들은 아무리 많이 있어도 고양이 앞에서는 "오직 죽음이다."라는 것을 숙명적으로 받아들이고 있잖아. 그러니까 한번 싸워 보지도 못하고, 쥐 백 마리가 있으면서도 고양이 한 마리에게 몰살당하고 마는 거야. 한심한 바보처럼 말이야!

　쥐 선생들은 뭘 가르치고 있는지 궁금하지? 쥐 선생 왈, "운명이다. 고양이 앞에서는 죽음뿐이다!"라고만 가르치고 있다는 거야, 참 웃기는 노릇이지? 어느 쪽으로 생각하느냐에 따라서, 운명도 그쪽으로 향할 뿐이겠지? 이왕이면 좋은 쪽으로 생각하는 것, 어때?

　운명을 바꾸려면, 쥐와 반대로 생각하라!
　"쥐도 고양일 물 수 있다." 이렇게!

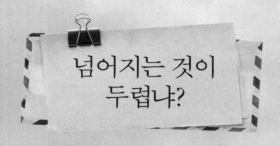

넘어지는 것이
두렵냐?

제이!

넘어지는 것이 두려워? 넘어지는 것, 그 자체는 두려움의 대상이 될 수 없어! 넘어졌을 때, 다시 일어설 수 없는 것을 두려워해야겠지? 백 번 넘어졌어도, 그때마다 일어섰다면, 그건 넘어진 것이 아니라, 오직 일어선 것일 뿐이야. 하지만 한 번 넘어졌을 뿐인데, 다시 일어 설 수 없었다면, 그건 오직 넘어진 것이잖아. 살다 보면 "산다는 것은 곧 넘어지고, 일어서는 것의 연속과정" 아니겠어? 그러니 한 번 실패했다고 실망할 것도 없잖니? 다시 일어날 수만 있다면, 그 실패는 오히려 좋은 교훈을 나에게 선물할 테니까. 그래서 "실패는 곧 성공의 어머니다!"라는 말도 이 세상에 태어나지 않았겠어?

"실수하며 보낸 인생은 아무것도 하지 않고 보낸 인생보다 훨씬 존경스러울 뿐 아니라, 훨씬 더 유용하다."고 한, 극작가 조지 버나드 쇼의 이 말을 눈을 지그시 감고, 음미해 봐! 참 맛이 있을 거야. 살면서 한 번쯤 실패한 것은 창피하게 생각할 일이 아니야. 오히려 실패가 한 번도 없었다면, 그게 더 창피한 일 아니겠니? 실패가 없었다는 건, 도전이 없었다는 증거일 테니까. "개똥철학 같다."고 헛듣지 말고, 이 말만은 기억해 두면 어떻겠니?

"넘어지는 것은, 수백 번 넘어져도 두려워 마라!
하지만 일어서지 못하는 것은, 단 한 번이라도 두려워하라!"
이게 바로 내가 즐기는 오뚝이 철학이야!

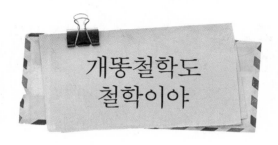

개똥철학도
철학이야

제이!

개똥철학도 철학이야. 오르막이 있으면, 내리막이 있는 법이야. 그건 당연하잖아. 계속 오르기만 하는 길, 어디 봤어? 또 계속 내려 가기만 하는 길, 어디 봤어? 결국, 어디선가 내려가거나 올라가는 반 대의 길을 만나잖아. 오르막길을 올라갈 때는 내리막길을 생각하며 걷고, 내리막길을 내려갈 때는 오르막길을 생각하며 걸으면, 어떨 까? 그러면, 모든 길의 종점은 또 다른 길의 시작이 아닐까? 모든 종 착지는 모든 출발지가 되는 것 아닐까? 이 세상의 모든 졸업생은 또 다른 신입생이 되는 것처럼, 모든 길의 끝에는 언제나 다음으로 가는 길이 기다리고 있잖아!

"시작이 좋으면, 끝도 좋다."라는 말도 일리가 있겠지만, "끝이 좋아야, 다음 시작도 좋은" 것 아니겠어? 비단길에서 출발했어도 진흙탕 길에서 끝날 수 있지만, 비단길에서 끝나면, 비단길에서 다음 길을 향해 출발하잖아? 인간관계도 마찬가지야! 좋게 시작했다가도 꼴사납게 끝나는 경우가 많지만, 따뜻한 정을 남겨두고 좋게 헤어지면, 다음에 또 만날 때도 좋게 만나게 되잖아? 개똥철학 그만 좀 하라고? 그래, 알았어!

하지만 개똥철학도 철학은 철학이잖아!
철학 중엔 개똥철학이 최고야!

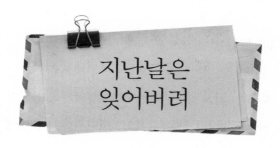

지난날은
잊어버려

제이!

지난날은 잊어버려! 그게 지혜로운 삶이야. 이 세상에 영원히 존재하는 것이 뭐 있어? 천만에! 아무것도 없어. 모든 것은 변할 뿐이야. 영원이라는 말은 믿을 게 못 돼! 아예 꺼내지도 마! 지금 이 순간에 어찌할 수 없는 상황도 변하고 있을 뿐이야. 어떤 상황이 힘들게 할 땐, 그 상황들이 물 흐르듯 흘러갈 수 있도록 내버려 두면, 어떻겠니? "내일이면 잊혀지겠지." 하고 말이야. "인간은 망각의 동물"이라고 하잖아.

하지만 "인간은 망각의 동물"이란 것만은, 절대로 망각하지 마! 잊어야 할 건, 빨리 잊어버리라고 했잖아. 그런데도 왜 자꾸 지난 슬픈 과거를 묻니? 그걸 어디에 쓰려고? 지난 슬픈 과거는 그냥 땅에 묻어 버려! 지난날은 즐거웠던 날만 기억해도 남아돌아!

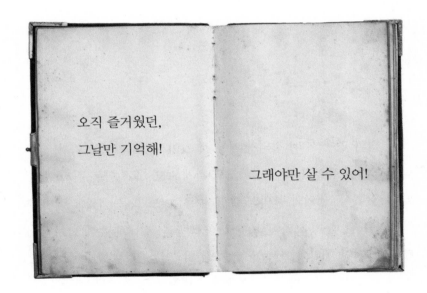

오직 즐거웠던,
그날만 기억해!

그래야만 살 수 있어!

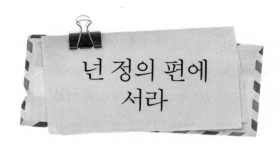

넌 정의 편에
서라

제이!

넌 정의 편에 서라! 정의가 지는 것 봤어? 정의는 결국 이겨! 영화 속 이야기일 뿐이라고? 현실에서도 길게 보면, 똑같다는 걸 알게 될 날이 올 거야. 정의와 불의의 갈림길에서 어느 쪽을 택해야 할지 혼란스러울 땐, 눈치 보지 말고 정의 쪽으로 가! 절대로 손해 보지 않을 테니까. 시인 헨리 워즈워스 롱펠로우의 "인간은 부당할 수 있어도, 신은 공정하기 때문에 결국 정의가 승리한다."라는 말을 한번 믿어 봐!

극작가 조지 버나드 쇼의 묘비에는 "우물쭈물하다가 내 이럴 줄 알았다."고 쓰여 있잖아. 다른 곳에서는 우물쭈물해도 말리지 않겠어! 하지만 정의 앞에서는 우물쭈물하지 마! 누가 뭐라고 짖어대도, 정의는 지지 않으니까. 정의는 어제도 이겼고, 오늘도, 내일도 이긴다!

이왕이면, 이기는 편에 서는 게 좋겠다고?
그게 바로 내 생각이야!

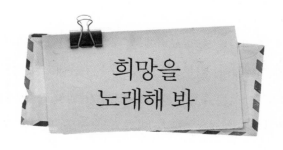

희망을
노래해 봐

제이!

　희망을 노래해 봐! 희망을 노래해서 손해 볼 일은 티끌만큼도 없을 테니까. 네 방 한쪽 벽에도 말을 타고 질주하는 전쟁의 영웅 나폴레옹의 그림이 걸려 있잖아? 영웅 나폴레옹의 폼 정말 멋지지? 그 그림을 잘 봐! 나폴레옹의 손안에 무엇이 들어 있는지, 잘 봐! 틀림없이 그건 "희망"일 거야. 그 멋진 사나이, 바로 나폴레옹이 "내 비장의 무기는 아직 손안에 있다. 그것은 희망이다."라고 말하지 않았어? 그는 또 "승리는 가장 끈기 있게 노력하는 사람에게 간다."라고 했잖아. 아무리 그가 천하의 전쟁 영웅이라고 하더라도, 그에게 희망이 없었다면, 끈기 있게 노력할 수 있었겠니?

땀도 희망이 있는 사람만이 흘릴 줄 알겠지. 희망이 없는 사람에겐 땀도, 승리도, 아무것도 없는 거야. 극작가 조지 버나드 쇼는 "희망을 품지 않은 자는 절망도 할 수 없다!"라고까지 하잖아. 그래도 아무 희망 없이, 그냥저냥 살겠다고? 그럼 이 말을 잘 새겨들어 봐! "이 세상을 움직이는 힘은 희망이다. 수확할 희망이 없다면, 농부는 씨를 뿌리지 않는다. 이익을 얻을 희망이 없다면, 상인은 장사를 하지 않는다. 희망을 품는 것은 바로 그것을 이룰 수 있는 지름길이다." 마틴 루터 킹 목사가 들려준 이 말 어때? 조금씩 정신이 들지?

희망을 노래하면, 낙원으로 간다고 하잖아? 근데, 절망을 노래하면, 어디로 가겠니? 낙원의 반대쪽은 오직 지옥뿐이야! 선택은 자유야. 가고 싶은 쪽으로 가! 희망의 열매를 따 먹고 싶다면, 망설이지 말고, 희망의 꽃을 피워! 난 결코 네 나이를 묻지 않아.

네가 꿈과 희망을 가지고 있는 한,
난 언제라도 널 청춘이라 불러주고 싶어!

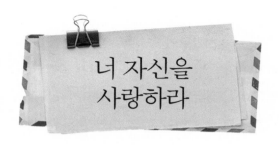

너에게!

너 자신을 사랑해! "행운의 여신은 자신을 사랑하는 사람에게만
찾아온다."는 말 많이 들어 봤잖니? 아일랜드 시인이며, 극작가인 오
스카 와일드는 "자기 자신을 사랑하는 것이야말로 평생 지속되는 로
맨스다."라고까지 말하잖아. 너 자신을 먼저 사랑하지 않고, 남을 먼
저 사랑하겠다고? 그건 모두 다 어리석은 짓이야.

너를 사랑하는 방법을 잘 모르겠다고? 그건 내가 알려줄게. 나도
애용하고 있는 거야. 오프라 윈프리의 〈오프라 윈프리의 십계명〉을

참고해 봐!

〈오프라 윈프리의 십계명〉

첫째, 남들의 호감을 얻으려 애쓰지 마라!

남들의 호감을 얻으려다가 자신에 대해선 소홀해진다는 거야. 그러다 보면 자꾸 남들을 의식하게 되고, 눈치만 보게 되잖아. 삶이란 남에게 잘 보이기 위한 것이 아니야. 누구보다도 먼저 자신에게 인정받고, 자신을 사랑할 줄 아는 사람이 되어야 한다는 것 아니겠어?

둘째, 앞으로 나아가기 위해 외적인 것에 의존하지 마라!

외적인 화려함은 외적인 것일 뿐이야. 그것이 내면에서 만들어지지 않는다면, 결국 사라지게 마련이잖아. 외적인 것에 의존하다 보면, 자신의 순수한 마음을 보기보다는 자신을 겉으로만 꾸미려고 하지 않겠니? 내면이 충실한 사람만이 자연스럽게 외적인 빛도 발할 수 있는 것 아니겠니? 성공하는 사람들의 공통점은 외적인 치장이 아니라, 내면의 아름다움과 화려함을 지닌다고 하잖아.

셋째, 일과 삶이 최대한 조화를 이루도록 노력하라!

평생 일만 하면서 산다면, 얼마나 억울하겠어? 삶의 목적은 일이 아니라 행복이잖니? 인생이라는 마라톤을 완주하기 위해서는 적당한 휴식과 여유가 필요한 거야. 삶에 휴식과 여유가 없으면, 결국 일도, 인생도 망가질 뿐이야.

넷째, 험담꾼들을 멀리하라!

부정적인 사람은 부정적인 에너지를 담고 살아. 험담을 잘하는 놈은 모든 사람을 부정적으로 보잖아. 그런 험담꾼들은 주위 사람들까지도 오염을 시키고 말잖니? 그러니깐 그런 사람은 "영원히 안녕!" 하는 거야. 그러지 않으면, 너도 똑같은 사람 될 테니까.

다섯째, 남들에게 진실하라!

가식적인 말이나 행동은 진심이 느껴지지 않지? 사람을 만남에 있어서 진실만큼 중요한 것은 없을 거야. 한순간의 욕심에 눈멀어, 거짓으로 사람을 사귀어서는 절대로 안 되겠지. 진실이 없는 말이나 행동은 지나가는 개도 다 알아. 가식적인 한마디의 말이나 행동이 결국은 자신을 스스로 왕따시켜 버리는 거야.

여섯째, 중독된 것들을 끊어라!

모든 중독은 사람의 몸과 마음을 병들게 할 뿐이야. 술이나 담배,

마약 같은 중독은 너의 몸과 정신을 송두리째 **빼앗아** 버리잖아. 사람에 대한 강한 집착도 일종의 중독 아니겠어? 모든 중독은 너를 서서히 병들어 가게 만들어. 그리고 결국은 네 삶을 산산이 부숴 버리지 않겠니?

일곱째, 너와 버금가거나 너보다 나은 사람들로 주위를 채워라!

좋은 사람들은 좋은 에너지를 지니고 살아. 그런 사람을 네 곁에 많이 두려고 노력해 봐! 그럼 그 좋은 에너지가 자연스럽게 너에게도 전해지지 않겠니? 살아가는 동안 너에게 조언해 줄 수 있는 사람이 있다면, 얼마나 좋겠니? 그런 사람은 많을수록 좋지 않겠니? 그들의 조언을 진심으로 듣고 따른다면, 실수를 조금이나마 더 줄일 수 있지 않겠어?

여덟째, 돈 때문에 하는 일이 아니라면, 돈 생각은 아예 잊어라!

말로는 봉사한다고 하면서, 대가를 바라서는 안 되잖아. 또 희생하겠다고 하면서, 대가를 바라서도 안 되잖니? 처음부터 어떠한 대가나 돈을 위한 것이 아니었다면, 그냥 시원하게 줄 수 있는 마음을 가져야 하는 것 아니겠어? 베풀겠다는 마음에서 시작한 일에서 돈이나 어떤 대가를 생각한다면, 처음의 순수한 마음마저 사라지게 되잖니? 그때부터 넌 외로운 외톨이가 되는 거야. 어떤 유혹에도 흔들리지 말고, 초심을 지켜!

아홉째, 너의 권한을 남에게 넘겨주지 마라!

네 삶의 주인공은 바로 너야! 너 자신에 대해 스스로 책임지는 것을 회피하면, 남들이 너에 대해서 선택을 하게 되는 거야. 너 자신에 대한 무책임에 길들여지면, 너의 삶은 우울하고, 아무런 의미도 없게 되는 거야. 네가 지금 결정해야 할 일이 있다면, 스스로 결정을 해버려! 또 해결해야 할 일이 있다면, 스스로 해결해 버려! 삶은 선택의 연속과정이라고 했잖아. 남들이 너를 선택하도록 내버려 두지 마! 네 삶은 오직 네가 선택해야 하는 거야. 네 삶의 주인공은 너니까.

열째, 포기하지 마라!

포기도 하다 보면, 버릇이 되는 거야. 포기하면 또 포기할 수밖에 없는 장벽을 만나게 되는 거야. 돌멩이 피하려다가 바윗덩어리 만나는 격이지. 삶이란 힘든 도전을 통해서 얻는 경험을 쌓아가는 거야. 포기하지 않고 가다 보면, 목적지는 나오지 말라고 고사 지내도 나오게 되잖아. 포기 잘하는 놈이 얻어먹을 수 있는 건, 오직 이것 하나뿐이야. "후회"

〈오프라 윈프리의 십계명〉 정말 멋지지?

이게 바로 너 자신을 사랑할 수 있는 방법 아니겠니?

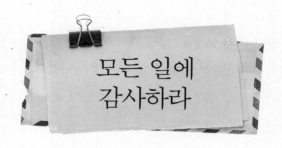

모든 일에
감사하라

제이!

모든 일에 감사하라! 감사하면 또 감사할 일만 생기는 법이야. 감사하는 마음에서 즐거움도 만족도 샘솟는 거잖아. 모든 일에 감사할 줄 모르는 사람은 죽을 때까지 재미있게 살기는 영 글러 버렸다고 생각해도 좋아. 가난마저도 무조건 슬퍼할 일은 아니야. 그것도 감사할 대상이란 걸 잊지 마! 성공한 사람 중엔 부잣집에서 태어난 사람보다 찢어지게 가난한 집안에서 태어난 사람이 더 많다는 사실을 생각해 봐! 가난도 알고 보면, 네가 크기 위한 조건이잖아. 일부러 가난해질 필요까지는 없겠지만, 가난이 결코 나쁜 것만은 아니라는 걸 기억해 둬!

옛말에 "가난한 집안에 우애가 난다."고 했어. "송사 많은 부자 놈들보다, 우애 많은 가난뱅이가 훨씬 낫다."는 속담을 한번 만들어보면, 어떨까? 꽤 괜찮은 말 같지 않아? 세계 최고 시인이자 극작가인 윌리엄 셰익스피어도 "가난뱅이가 제일이다. 누구도 그의 가난을 훔치려 하지 않을 테니까!"라고 하잖아. 어때?

감사하지 않을 일이 어디 있어?
모두 다 감사할 뿐이지.

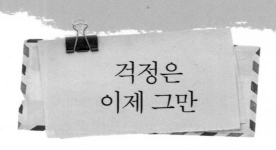

걱정은 이제 그만

제이!

걱정은 이제 그만! 지나친 걱정은 몸에 해로울 뿐이야. 적당한 걱정은 약이 될 수도 있어. 하지만 지나친 걱정은 네 행복도 인생도 모두 다 통째로 집어삼켜버릴 뿐이야. 걱정도 괴로움도 다른 사람의 정신으로 살아가니까 생기는 거야. 네 정신으로 살면, 걱정도 괴로움도 생기지 않아. 네 인생의 주인공 역할은 어느 누구도 대신해 줄 수 없다는 사실을 잊지 마!

아리오 단테도 "나는 할 수 있어. 나는 해낼 거야. 나에게는 저력이 있어. 나에게는 오직 전진뿐이야. 이런 신념을 지니는 습관이 너의 목표를 달성시킨다. 너의 길을 걸어가라! 다른 사람들이 무어라 떠들든 내버려 두어라!"라고 하잖아. 내가 하는 일에 대해서 다른 사람들이 이러쿵저러쿵 떠들어 대는 건 별로 중요치 않아. 먼저 할 수 있다는 자신감을 가져! 어떤 목표를 이루려고 할 때, 자신감이 생기기도 전에 걱정이 앞서는 것이 문제야. 그 걱정이 결국은 그 일을 망쳐버리잖아. 지나친 걱정은 자신감이 없다는 증거야!

"아직 나타나지도 않은 일에 대해서 미리 걱정할 것은 없다. 불행의 가능성을 미리 생각하고 걱정한다 해서 좋게 바뀌지는 않는다. 오히려 심신의 에너지만 소모하고, 오늘 할 일에 지장만 줄 뿐이다. 공상이나 불확실한 일에 대한 걱정을 떨쳐버린다면, 현실적으로 걱정될 만한 일은 그다지 많지 않다. 걱정의 99%는 오늘의 일이라기보다는 미래의 일이다. 이미 저질러진 불행에 대해 자꾸 걱정하는 것도 졸렬한 노릇이다. 엎질러진 물은 다시 그릇에 담을 수 없다. 걱정하고 괴로워한다고 전과 같이 될 수는 없는 일이다. 걱정해도 소용없는 걱정으로부터 자기를 해방하라! 그것이 마음의 평화를 얻는 가장 가까운 길이다."라고 한, 카네기의 이 말을 음미해 봐!

이 세상 어디에도 걱정으로 해결되는 일은 없어. 걱정은 나중에 하고, 네 갈 길을 가 봐! "내 팔자에 걱정 따위는 없다!"라고 외치며, 당당하게 나가 봐! 그러면 걱정 없는 일생을 살 수 있을 거야. 당당하게 나아가는 사람에게 운도 따르는 법이니까.

팔자에도 없는 걱정을 왜 해?
걱정도 팔자야!

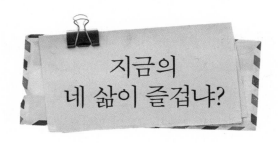

지금의
네 삶이 즐겁냐?

제이!

지금의 네 삶이 즐겁니? 아니면, 괴롭니? 지금의 삶이 즐겁든 괴롭든, 너에게 주어진 인생이란 시간은 지극히 한정된 시간이며, 단 한 번뿐이라는 사실을 잊지 마! 이 사실에 공감한다면, 더 이상 이유를 묻지 말고 네 삶을 스스로 즐겨 봐!

"나는 모든 것을 즐기고 싶다. 하루하루가 인생의 마지막 날인 것처럼 유쾌하게 살고 싶다." 이 말은 아카데미상을 수상한 영화 〈내가 마지막 본 파리〉에 나오는 대사로, 엘리자베스 테일러가 연기한 아름다운 아가씨, 헬렌이 말해 준 거야. 너도 이처럼 모든 것을 즐기고 싶지 않니? 또 하루하루가 네 인생의 마지막 날인 것처럼 유쾌하게 살고 싶지 않니?

즐거움과 행복만을 그리는 불멸의 화가 오귀스트 르누아르. 그는 평생 비극적인 주제를 담은 그림은 단 한 점도 그리지 않은 화가로 알려져 있잖아. 하지만 그 자신은 류마티스 관절염으로 극심한 병마와 싸웠다는 것을 알고 있는 사람은 그리 많지 않을 거야. 얼마나 고통스러웠으면, 뒤틀리는 손가락에 붓을 묶고 그림을 그렸겠니? 그런 병마의 고통 속에서도 그가 즐거움과 행복을 주제로 한 그림만을 그릴 수 있었던 힘은 어디에서 나왔을까?

오귀스트 르누아르는 이렇게 말했어. "그림 그리는 것이 즐겁지 않으면, 그릴 이유가 없다."라고. 이제 르누아르가 그 고통스런 병마와 싸우면서도 즐거움과 행복을 그려낸 이유를 알겠지? 그는 자신의 직업이자 취미인 그림을 그리는 것, 그 자체를 즐기는 사람 아니겠어? 자신의 직업, 바로 삶에 대한 즐거움, 그것이 그가 고통을 참

을 수 있게 해 준 명약이 아니겠어?

위대한 삶이란 거창한 것이 아니야. 자신의 삶을 즐길 줄 알면, 그것이 바로 위대한 삶이야. 네 삶을 즐길 주인공은 바로 너야! 네 삶을 가지고 다른 사람이 즐기지 못하게 해!

스스로 즐기는 자만이 위대하다.
네 삶을 스스로 즐겨라!

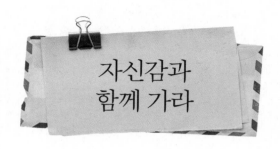

자신감과
함께 가라

제이!

자신감과 함께 가! 네 인생길에 자신감과 동행해! 성공이라는 정
상은 두려움이라는 고개를 넘어야 비로소 도달할 수 있다고 하잖아?
앨버트 하버드도 "네가 저지를 수 있는 가장 큰 실수는, 실수를 할까
두려워하는 것이다."라고 하잖아. 자신감을 잃는 것이 가장 큰 실수
라고 하잖니? 자신감을 잃고 두려움에 떨고만 있다면, 될 일도 안 되
는 법이야.

그는 또 "어차피 실수할 거라면, 대범하게 하는 게 어떨까. 스스

로 무언가를 깨우칠 때, 가장 많이 성장한다. 언제나 백 퍼센트 완벽한 선택을 하며 사는 것은 힘든 일이다. 위험을 받아들이고, 결론을 내리고, 또 그것을 시험해 봄으로써 이해와 지혜를 얻을 수 있다. 성숙하다는 것은 늘 배울 자세를 갖추고 있다는 것이다. 실수에서 배우고, 필요할 때는 자신이 내린 결론을 기꺼이 수정하겠다는 자세를 갖게 되는 것이다."라고도 하잖니? 이렇게 말해도, 넌 어떤 실수를 할까 그렇게 두려워?

미국 자동차회사 크라이슬러 회장을 역임했고, 세계적인 베스트셀러 『아이아코카』의 저자인 아이아코카가 "자신이 할 일을 하라. 남들이 뭐라고 말하든, 그냥 내버려 둬라. 지난해에는 무슨 걱정을 했는가? 지난달에는? 그것 봐라. 기억조차 못 하지 않은가. 그러니까 오늘 네가 걱정을 하고 있는 것도 별로 걱정할 일이 아닐 거다. 잊어버려라. 내일을 향해 사는 거다."라고 말을 한 데는, 그만한 이유가 있지 않겠니? 자신이 이루고자 했던 목표에 일단 도전했으면, 두려움과 걱정에 떨지만 말고, 앞으로 나아가라는 거잖아. 또, 누가 뭐라고 떠들어 대든 상관하지 말고, 끝까지 밀고 나아가라는 조언이 아니겠니?

어떤 일을 이루고자 할 때는, 먼저 자신감으로 무장이 되어 있어야 하는 거야. 자신감이 없으면, 그 자리에는 항상 두려움과 불안감이 먼저 자리를 차지하고 말 테니까. 그럼 성공은 기대할 수 없는 거잖아. 꿈이고 목표고, 뭐건 간에, 자신감이 없으면 꽝이야. "한번 해볼까" 하고 중얼거리지 마! 그 대신 "반드시 해내고 말 거야!"라고 선포해 봐!

네가 진정으로 꿈을 이루고 싶다면, 이렇게 하라!
"자신감과 함께 가라!"

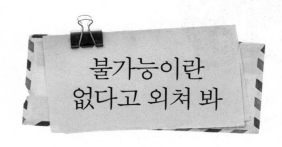

불가능이란 없다고 외쳐 봐

제이!

불가능이란 없다고 외쳐 봐! 불가능이란 말은 함부로 하는 것이 아니야. "내 사전에 불가능이란 없다! 1퍼센트의 가능성, 그것이 나의 길이다!" 전쟁 영웅이자 프랑스 황제인 나폴레옹이 한, 이 멋진 말이 떠오르지 않아? 이 말이 바로 불멸의 명언이 아니겠어?

헬렌 켈러, 그녀도 "행복의 한쪽 문이 닫히면, 다른 쪽 문이 열린다. 그러나 흔히 사람들은 닫힌 문을 너무 오랫동안 보아왔기 때문에 자신들을 위해 열려 있는 문을 발견하지 못한다. 세상에서 가장 아름

답고 소중한 것은 잘 보이거나 만져지지 않는다. 단지 가슴으로만 느낄 수 있다. 할 수 있는 일에 최선을 다할 때, 자신의 삶에, 아니 타인의 삶에 어떤 기적이 일어날지는 아무도 모를 것이다. 나는 눈과 귀와 혀를 빼앗겼지만, 내 영혼만은 잃지 않았기에, 그 모든 것을 가진 것이나 마찬가지이다. 장애는 불편할 뿐이지, 불가능한 것이 아니다."라고 하잖아. 참으로 눈물겨운 메시지 아니냐? 너도 할 수 있어. 넌 부족한 게 하나도 없어. 분명한 것은 네가 불가능하다고 중얼거리는 이 순간에도 네 꿈을 이루기 위해 주어진 시간만 아깝게 흘러가고 있어.

지금도 불가능하다며, 세상의 걱정거리를 다 모아다가 늘어놓는 멍청한 짓은 이제 그만해야 하지 않겠니? 이 말만은 어떤 일이 있어도 잊지 마! "어느 목표에 도전할 때, 목표에 도달할 수 있다고 말하는 사람에게는 가능할 수도 있고, 불가능할 수도 있다. 하지만 불가능하다고 말하는 사람에게는 오직 불가능뿐이다."

너에게 주어진 시간이 다 흘러가면, 가능도 불가능도 아무런 의미가 없는 것 아니겠어? 가능하든 불가능하든, 먼저 잊지 말아야 할 사실이 하나 또 있어. 그걸 오늘 말해 줄게. 죽을 때까지 잊지 마! 잊지 않겠다고 약속할 수 있겠니? 약속하겠다면, 좋아! 말해 줄게!

"네 시간은 간다.
지금 이 순간에도 네 시간은 간다.
그리고 네 시간은 절대로 돌아오지 않는다."

진지하고,
진실하라

제이!

진지하고, 진실하라! 그러면, 모든 사람은 감동한다. 다음 이야기
는 애플 컴퓨터회사의 회장이었던 스티브 잡스가 스탠포드 대학 졸
업식장에서 해준 졸업 축사 중에서, 내가 감동 받은 부분을 골라서
전달해 주는 거야. 잘 읽어 봐!

"저는 대학을 졸업하지 못했습니다. 솔직히 태어나서 대학교 졸업
식을 이렇게 가까이서 보는 것은 처음입니다. 오늘 저는 여러분께 제
가 살아오면서 겪었던, 세 가지 이야기를 해볼까 합니다. 그게 전부

입니다. 별로 대단한 이야기는 아닙니다. 딱 세 가지만 말씀드리고자 합니다.

첫 번째는 저의 인생의 전환점에 관한 이야기입니다. 저는 〈리드 칼리지〉에 입학한 지 6개월 만에 자퇴했습니다. 왜 자퇴했을까요? 그것은 제가 태어나기 전까지 거슬러 올라갑니다. 저의 생모는 대학원생인 젊은 미혼모였습니다. 그래서 저를 입양 보내기로 결심했던 거지요. 그녀는 저의 미래를 생각해서, 대학 정도는 졸업한 교양 있는 사람이 양부모가 되기를 원했습니다. 그래서 저는 태어나자마자, 변호사 가정에 입양되기로 되어 있었습니다.

그런데 양어머니는 대졸자도 아니었고, 양아버지는 고등학교도 졸업 못 한 사람이어서, 친어머니는 입양동의서 쓰기를 거부했습니다. 친어머니는 양부모님들이 저를 꼭 대학까지 보내 주겠다고 약속한 후 몇 개월이 지나서야 화가 풀렸답니다. 제가 입양된 지 17년 후에 저는 〈리드 칼리지〉에 입학했습니다. 평범한 노동자였던 부모님이 힘들게 모아뒀던 돈이 모두 저의 학비로 들어갔습니다.

결국, 6개월 후, 저는 대학 공부가 그만한 가치가 없다는 생각을 했습니다. 그래서 모든 것이 다 잘될 거라 믿고, 자퇴를 결심했습니다. 당시에는 두려웠지만, 뒤돌아보았을 때, 제 인생 최고의 결정 중 하나였던 것 같습니다.

그렇다고 꼭 낭만적인 것도 아니었습니다. 자퇴 후, 저는 기숙사에 머물 수 없었기 때문에 친구 집 마룻바닥에서 자기도 했습니다. 한 병당 5센트씩 하는 코카콜라 빈 병을 모아 팔아서 먹을 것을 사기도 했습니다. 또 매주 일요일은 단 한 번이라도 제대로 된 음식을 먹기 위해 7마일이나 걸어서 사원의 예배에 참석하기도 했습니다. 맛있더군요. 당시엔 순전히 호기심과 직감만을 믿고 저지른 일들이 훗날에 정말 값진 경험이 됐습니다.

자신의 배짱, 운명, 인생 등 무엇이든 간에 "그 무엇"에 대한 믿음을 가져야만 합니다. 그런 믿음은 저를 실망하게 한 적이 없었습니다. 그리고 그것이 제 인생에서 남들과는 다른 모든 "차이"를 만들어 냈습니다.

두 번째는 사랑과 상실입니다. 저는 운 좋게도 인생에서 정말 하고 싶은 일을 일찍 발견했습니다. 제가 20살 때, 부모님의 차고에서 애플의 역사가 시작됐습니다. 차고에서 두 명으로 시작한 애플은 10년 후에 4,000명의 종업원을 거느린 2백억 달러짜리 기업이 되었습니다. 제 나이 29살 땐, 최고의 작품인 매킨토시를 출시했습니다.

그러나 이듬해 저는 해고당했습니다. 내가 세운 회사에서 내가 해고당하다니! 말도 안 되는 일이 벌어진 것입니다. 저는 30살에 쫓겨나야만 했습니다. 그것도 아주 공공연하게 말입니다. 저는 인생의 초점을 잃어버렸습니다. 뭐라 말할 수 없는 참담한 심정이었습니다. 전 정말 말 그대로, 몇 개월 동안 아무것도 할 수 없었습니다. 저는 완전히 "공공의 실패작"으로 전락했습니다.

그러나 제 맘속에는 뭔가 다시 일어나기 시작했습니다. 저는 여전히 제가 했던 일을 사랑했고, 애플에서 겪었던 일조차도 그런 마음을 꺾지 못했습니다. 저는 해고당했지만, 여전히 일에 대한 사랑은 식지 않았습니다. 그래서 저는 다시 시작하기로 결심했습니다. 당시에는 몰랐지만, 애플에서 해고당한 것은 제 인생 최고의 사건임을 깨닫게 됐습니다. 그 사건으로 인해, 저는 성공이란 중압감에서 벗어나서, 초심자의 마음으로 돌아가 자유를 만끽하며, 내 인생의 최고의 창의력을 발휘하는 시기로 돌아갈 수 있게 됐습니다. 그리고 지금 제 아내가 되어준 로렌과 사랑에 빠져버렸습니다.

애플에서 해고당하지 않았더라면, 이런 기쁜 일 중 어떤 한 가지도 맛볼 수 없었을 것입니다. 정말 독하고 쓰디쓴 약이었지만, 이게 필요한 약이 되었습니다. 때로는 인생이 여러분의 뒤통수를 때리더라도, 결코 믿음을 잃지 마십시오. 전 반드시 인생에서 해야 할, 제가 사랑하는 일이 있었기에, 반드시 이겨낸다고 확신했습니다.

사랑하는 사람이 내게 먼저 다가오지 않듯, 일도 그런 것이죠. 사랑하는 것을 찾아보세요. 일은 인생 대부분을 차지합니다. 진정한 기쁨을 누릴 수 있는 방법은 스스로가 위대한 일을 하고 있다는 자부심을 갖는 것입니다. 자신의 일을 위대하다고 자부할 수 있을 때는, 사랑하는 일을 하는 그 순간뿐입니다. 그것들을 찾아낼 때까지 포기하지 마세요. 현실에 주저앉지 마세요.

세 번째는 죽음에 관한 것입니다. 열일곱 살 때, 다음과 같은 경구를 읽은 적이 있습니다. "하루하루를 인생의 마지막 날처럼 산다면, 언젠가는 바른길에 서 있을 것이다." 이 글에 감명받은 저는 그 후 오십 살이 되도록 매일 아침 거울을 보면서 자신에게 묻곤 했습니다.

오늘이 내 인생의 마지막 날이라면, 지금 하려고 하는 일을 할 것인가? 만약 "아니요!"라는 답이 계속 나온다면, 다른 것을 해야 한다는 걸 깨달았습니다.

인생의 중요한 순간마다 "곧 죽을지도 모른다."는 사실을 명심하는 것이 저에게는 가장 중요한 도구가 되었습니다. 왜냐고요? 외부의 기대, 자부심, 자만심, 수치스러움과 실패에 대한 두려움들은 "죽음"을 직면해서는 모두 떨어져 나가고, 오직 진실로 중요한 것들만 남기 때문입니다. 죽음을 생각하는 것은 무엇을 잃을지도 모른다는 두려움에서 벗어나는 최고의 길입니다.

저는 일 년 전쯤 암 진단을 받았습니다. 아침 일곱 시 반에 검사를 받았는데, 이미 췌장에 종양이 있었습니다. 그전까지는 췌장이란 게 뭔지도 몰랐는데요. 의사들은 저의 인생이 길어야 3개월에서 6개월이라고 말했습니다. 주치의는 집으로 돌아가 신변 정리를 하라고 했습니다. 죽음을 준비하라는 뜻이었죠. 이런 경험을 해 보니, "죽음"이 때론 유용하단 것을 머리로만 알고 있을 때보다 더 정확하게 말할 수 있습니다.

아무도 죽길 원하지 않습니다. 천국에 가고 싶다는 사람들조차도 그곳에 가기 위해 죽고 싶어 하지는 않죠. 그리고 여전히 죽음은 우리 모두의 숙명입니다. 아무도 피할 수 없죠. 그리고 그래야만 합니다. 왜냐하면, 삶이 만든 최고의 발명이 "죽음"이니까요.

지금의 여러분은 "새로운 시작"을 하는 자리에 서 있습니다. 그러나 언젠가 머지않은 때에 여러분도 새로운 세대들에게 그 자리를 물려줘야 할 것입니다. 너무 극적으로 들렸다면 죄송하지만, 사실이 그렇습니다. 여러분들의 삶은 제한되어 있습니다. 그러니 낭비하지 마십시오. 다른 사람들의 생각에 얽매이지 마십시오. 타인의 소리가 여러분들 내면의 진정한 목소리를 방해하지 못하게 하세요.

제가 어릴 때 『지구 백과』란 책이 있었습니다. 그 책의 뒤쪽 표지에는 이른 아침 시골길 사진이 있었는데, 그 사진 밑에는 이런 말이 있었습니다. "헝그리정신으로 우직하게 가라!" 이제 새로운 시작을 앞둔 여러분들이 이런 방법으로 가길 원합니다. '헝그리정신으로 우직하게 가라!'"

얼마나 진지하고, 진실한 이야기냐? 마음이 찡하지? 나도 그래.

처음 읽을 때는 눈물이 앞을 가려서, 읽어 나가다가 먼 하늘만 바라보았었지. 이 연설을 듣거나 읽고도 눈물이 나오지 않는 인간이라면, 그건 분명히 가짜 인간이거나, 얼간이일 거야.

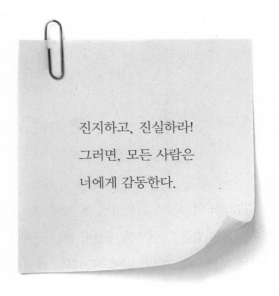

진지하고, 진실하라!
그러면, 모든 사람은
너에게 감동한다.

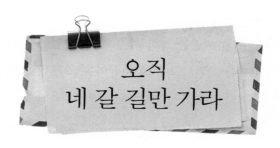

오직
네 갈 길만 가라

제이!

오직 네 갈 길만 가! 여기저기 기웃거릴 것 없어. 호기심에 이것저것 손대 보려고 하는 사람들은 대부분 자신이 하는 일에 자신감이 없기 때문에 그러는 거야. 또 자신의 일에 피곤이나 짜증을 느끼기 때문이기도 하고.

"거룩하고 즐겁고 활기차게 살아라! 믿음과 열심에는 짜증이 없다." 이 말은 어니스트 핸즈라는 사람이 한 말이야. 얼마나 멋지게 들리니? 거룩하고 즐겁고 활기차게 살면서, 네가 하는 일에 믿음을 갖고 열심히 한다면, 피곤할 일도 짜증 날 일도 없다는 말이잖아. 그렇게만 한다면, 네가 하는 일에 실패할 이유도 없겠지. 이것저것 손대 보려고 기웃거릴 필요도 없을 거야.

영국의 대표적인 시인이자 극작가였던 로버트 브라우닝은 "위대한 사람은 단번에 그와 같이 높은 곳에 뛰어오른 것처럼 보이는가? 하지만 그게 아니다. 많은 사람이 밤에 단잠을 잘 적에, 그는 일어나서 괴로움을 이기고, 일에 몰두했다. 인생은 자고 쉬는 데 있는 것이 아니라, 한 걸음 한 걸음 걸어가는 그 속에 있다. 성공의 일순간이 실패했던 몇 년을 다 보상해 주기 때문이다."라고 했어. 이 이야기를 잘 음미해 봐!

그리고 성공할 수 있다는 자신감을 가지고, 지금 네가 하는 일에 몰두해 봐! 성공을 확신하는 것이 성공의 첫걸음이라고 하잖아. 성공하지 못할 거라는 나쁜 믿음을 버리는 것이 성공을 향한 첫걸음이라는 말도 들어 봤잖아. 또, 네 분수에 맞게 한 걸음 한 걸음 나아가면 되는 것 아니겠어? 너무 욕심낼 필요도 없어. 너무 욕심내다 보면 지치고, 지치면 피곤하고 짜증이 나는 거야. 욕심을 절제할 수 있어야 스스로 자신의 삶에 매력을 느낄 수 있겠지. 그래서 예부터 "가장 어려운 기술은 살아가는 기술이다."라고 한 것 아니겠어? 다른 사람들의 말을 귀담아들어야 할 때도 있겠지만, 그들의 말에 너무 흔들리지는 마!

넌 우직하게, 네 갈 길을 가!

2.
쉽게
절망하지 마

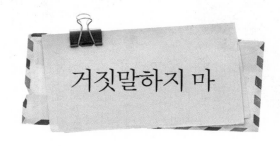

거짓말하지 마

제이!

거짓말하지 마! 한번 거짓말쟁이로 찍히면, 끝장나는 거야. 거짓말하는 건, 망가지는 길을 자초할 뿐이니까. 거짓말도 경우에 따라서는 쓸모가 있다는 말 들어봤지? 실은 그게 진짜 거짓말이야. "거짓말도 잘하면, 오히려 논 닷 마지기보다 낫다."는 옛날 속담에 홀까닥 넘어가지 마! 그 속담 믿고, 거짓말해댄 사람들은 벌써 다 들통나서 꼴사납게 되어 버렸잖아. 그 사람들 다 하얀 집에서 살고 있잖니? 하얀 집이 어디냐고? 당연히 교도소 아니겠어?

거짓말쟁이 클럽이라도 만들었는지, 그 사람들은 꼭 함께 다니잖아. 넌 그런 거짓말쟁이들과는 단 한 발짝도 함께 걸어서는 안되겠지? 옛 어른들이 "거짓말하는 버릇이 도둑질의 시초"라고 하잖아. 거짓말도 하다 보면, 도사가 되는 거야. 그 많고 많은 도사 중에 거짓말 도사가 되어서 어디에 쓰겠니? 어디에 쓰긴, 개 밥에 도토리 되는 거지. 또, 애매한 말이 거짓말의 씨가 되는 거야. 애매하게 말을 하고 싶으면, 차라리 벙어리가 돼! 그게 훨씬 나아. 애매한 말쟁이나 거짓말쟁이나 그게 그거야! 도토리 키 재기 아니겠어?

"험담이나 거짓말은 진실보다 빨리 퍼지지만, 진실만큼 오래가지는 못한다."고 하는, 이 말 잘 새겨들어! 또 정의와 진실은 반드시 불의와 거짓을 이겨! 영화에서도 봤잖아. 정의와 진실이 지는 것 봤어? 그건 영화일 뿐이라고? 천만에, 영화에서나, 현실에서나 그건 똑같아. 어디서나 정의와 진실은 반드시 이겨! 응원하려면, 정의와 진실을 응원해!

네 앞에서 거짓말하는 놈 보면, 흔한 말로 "입술에 침이나 바르고 해라!"고 쏴 댔잖아. 네가 거짓말하면, 남들도 너처럼 그렇게 쏴 댈 거야.

　　거짓말 좋아하는 놈, 그걸로 저승 가!
　　넌 절대로 그놈들을 따라가지 마!

기죽지 마

제이!

기죽지 마! 넌 기죽을 이유가 없어. "발이 없는 사람을 보기 전까지는 내게 신발이 없음을 슬퍼했다." 이 말은 고대 페르시아인들이 가슴에 담고 살았던 속담이야. 잘 음미하고, 절대로 기죽지 마! 돈 없다고 약해지면 되겠니?

돈이 없다고 대우해 주지 않는 곳 있지? 또 만나주지 않는 애들도 있잖아. 그런 것은 눈곱만치도 걱정할 일이 아니야. 그런 곳은 가지 않으면 그만이고, 그런 애들은 만나지 않으면 그만이야. 그런 곳, 그런 애들은 네 삶에 아무런 상관이 없으니까. 우린 돈 대신 그런 곳, 그런 애들에겐 없는 꿈이 있잖아. 꿈이 없는 그런 곳, 그런 애들과 어울리지 않는 것, 어때? 훨씬 나을 것 같은데.

돈 있다고 큰소리치는 녀석들 알고 보면, 빈껍데기야. 그런 소리에 기죽지 마! 얼마 안 가서 돈 빌려달라고, 너에게 애원할 녀석들이니까. 그 녀석들 그때 가서라도, 큰소리친 걸 뉘우치면 다행이지만, 그렇지 못하면, 그 녀석들 등판에 "영영 구제 불능"이라고 꼴좋게 써붙이고 다니게 될 거야.

돈이 없을수록 주눅 들지 말고, 멋지게 살라고 하잖아. 돈 없다고 기죽으면, 될 일도 안 돼! 누군가가 널 무시할 땐, 이 말을 기억해! "기죽어서 될 일은 아무것도 없다!"

또 강원도 정선 산골 마을에 아흔 살 되신, 꼬부랑 할머니가 살고 계셔. 근데, 그 꼬부랑 할머니가 들려주신 말, 정말 멋지더라. 뭐라고 말씀하셨냐고? 내가 말해 줄게, 귀 살짝 대 봐! "돈은 똥이다!" 뭐? 웃기다고? 나도 처음엔 너처럼 그냥 웃기기만 했어. 하지만 얼간이처럼 웃을 일이 아니야.

"돈은 똥이다!" 이건 명언 중의 명언이야. 이 명언만 가지고도, 얼마든지 폼 나게 살 수 있어. 멍청하게 웃지만 말고, 너도 이 말을 잘 음미해 봐! 그럼 너도 기죽지 않고, 폼 나게 살 수 있을 거야.

기죽지 말고, 폼 나게 살아 봐!

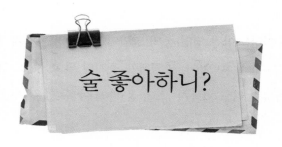

술 좋아하니?

제이!

술 좋아하니? 술이란 무엇일까? "처음 마실 때는, 양과 같이 온순해지고, 조금 더 마시면, 사자처럼 포악해지고, 더 마시면, 돼지처럼 꽥꽥 소리 지르고 추잡해지며, 그보다 더 마시면, 원숭이처럼 춤을 춰대고 뒹굴며 재주를 부린다. 이는 악마가 네 동물의 피를 취해 인간에게 준 선물이기 때문이다."라고 『탈무드』에 적혀 있잖아.

자신의 한계를 넘어서 한 잔이라도 더 마시면 욕하고, 옷에 토하고, 미친 것처럼 행동하게 하는 게 술이잖아? 술에 취하는 것도 이렇게 다 띠가 있어서 술을 마시면 띠가 수시로, 제멋대로 바뀌기도 하잖아? 술을 마셔도 양띠가 되어야지, 사자, 돼지, 원숭이띠로 회까닥 바뀌어서는 안 되겠지. 지난날 뉴스에 나왔던 술에 취한 양, 사자, 돼지, 원숭이들이 생각나잖니?

『법화경』에는 "첫 잔은 사람이 술을 마시고, 두 잔은 술이 술을 마시고, 석 잔은 술이 사람을 마신다."라고 나와 있어. 네가 술을 마셔야지, 술이 널 마셔버리면 되겠니? 술잔은 작아도, 그곳에 빠져 죽어버린 사람들이 얼마나 많은지 셀 수도 없잖니?

어떤 친구는 술이 좋다고 하고, 어떤 친구는 술이 싫다고 하잖아. 그런데 한 가지 분명한 것이 있어. 그놈의 술을 마시면 취하고, 취하면 몸이 비틀거리고, 몸이 비틀거리면, 네가 걸어온 인생길에 새겨진 발자국도 삐뚤삐뚤 새겨질 뿐이야.

『삼국지』에 나오는 조조도 "이 근심을 무엇으로 풀까 하였더니, 오직 술이 있을 뿐이네!"라고 읊었다고 해. 그놈의 술과 친구 사이가 되는 것쯤은 너그럽게 봐 줄 수 있겠지. 하지만 아무리 근심을 풀 수가 없고 외로워도 그놈의 술과 사랑에 빠져 헤어나지 못하는 것은 좀 곤

란하지 않겠니? 사랑도 상대를 골라서 해야지, 그놈의 술과 사랑에
빠지다니.

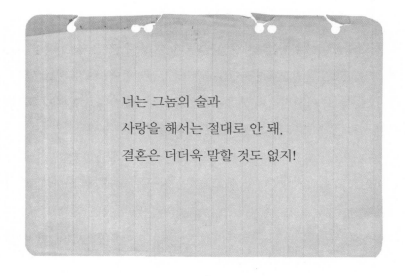

너는 그놈의 술과
사랑을 해서는 절대로 안 돼.
결혼은 더더욱 말할 것도 없지!

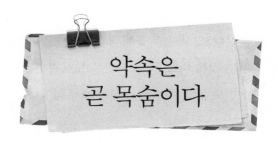

약속은 곧 목숨이다

제이!

약속은 곧 목숨이다. 약속은 왜 하는 거니? 모르겠다고? 지키기 위해서 하는 거야. 약속은 할 때보다 지킬 때가 더 어려운 법이야. 약속은 지켜질 때, 빛나는 거잖아.

"만날 약속이 성립된다는 것은 상대방의 신뢰를 얻었다는 증거다. 만약에 약속을 어기면, 상대방에게서 시간을 도둑질한 셈이다. 상대방으로서는 평생 돌이킬 수 없는 시간을 도둑맞는 것이다." 이건 앤드류 카네기가 한 말이야. 남의 시간을 도둑질하지 마. 그동안 한 번도 도둑질하지 않았다고? 카네기 할아버지가 말했잖아. 만날 약속을 해놓고 지키지 않는 것은 바로 남의 시간을 도둑질하는 거라고 말이야. 그래도 단 한 번도 남의 시간을 도둑질하지 않았다고 말할 수 있겠니?

약속을 지킬 수 없으면, 차라리 약속하지 않는 것, 어때? "약속을 잘 하는 사람은 잊어버리기도 잘 하는 사람이다."라는 영국 속담을 한 번쯤 음미해 봐! 살다 보면, 그런 사람 흔하게 보잖아.

약속을 잘 지키는 방법 중 가장 쉬운 것을 내게 가르쳐 준 사람이 있어. 그는 바로 전쟁 영웅 나폴레옹이야. 그는 "가장 약속을 잘 지키는 방법은, 약속하지 않는 것"이라고 했잖니? 그는 약속을 할 때마다, 지킬 수 있는 것인지, 지킬 수 없는 것인지를 잘 따져보고 나서, 지킬 수 있는 것만 약속했겠지. 단 1%라도 지키지 못할 수도 있을 거라고 판단되면, 아예 처음부터 약속하지 않았다는 것 아니겠어?

약속은 하지 않으면 그만이지만, 약속해 놓고 지키지 않으면, 목숨까지도 위태로울 수 있잖아. 목숨이 수천 개쯤 있다면, 맘대로 해! 하지만 목숨이 오직 한 개밖에 없다면, 이 말을 꼭 기억해! "약속은 곧 목숨이다!" 밥상 유리 밑에 이 메모지를 살짝 끼워두면 어떨까? 밥 먹을 때마다 볼 수 있도록 말이야. 뭐? 그러면 밥맛이 없다고? 왜 밥맛이 없어? 난 그러고도 밥맛이 좋던데.

그러니 함부로 약속하지 마! 스스로 약속을 했다면, 반드시 지켜! 약속을 지키지 못한 핑계는, 아무리 그럴싸해도 핑계일 뿐이야. 핑계를 대 봤자, 너 자신만 두 번 바보 만드는 거야.

약속은 하늘이
두 쪽으로 쪼개져도 지켜!
약속은 네 목숨이니까!

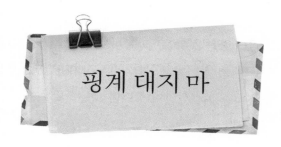

핑계 대지 마

제이!

핑계 대지 마! "그땐 그럴 수밖에 없었다."고 꼴사납게 핑계를 대면 되겠니? 핑계 없는 무덤이 어디 있겠니? 동네 공동묘지에라도 한번 가서 찾아 봐! 네가 무덤에 갈 때까지 찾아 봐도, 핑계 없는 무덤은 못 찾아.

원래 "씨름판도 진 놈이 말이 많다."고 하잖아. 핑계를 대는 것은 바로, "나는 비열한 존재다."라고 모든 사람에게 선포하는 것 아니겠니? 선포할 게 따로 있지, 그런 걸 선포해서야 되겠니? 그런 핑계를 대는 건 바보들이나 하는 짓이야. 그런 바보는 될 수 없잖아. 핑계도 자꾸 대다 보면 급수가 높아지고, 급수가 높아지다 보면 고칠 수 없는 고질병이 되고 마는 거야.

핑계는 수십 년 쌓아온 신뢰의 탑을 한 방에 때려 부수는 짓이야. 누군가가 핑곗거리를 찾으려고 두리번거리는 순간마다 "또 핑계! 네 얼굴 자체가 핑계다!"라고, 질러대고 싶은 충동이 생기잖아. 윌리엄 셰익스피어도 "실수에 대해 변명하면, 그 실수를 한층 더 돋보이게 할 뿐이다."라고 한, 이 메시지를 한번 되새겨 봐! 이젠 신뢰를 더 쌓으려고 용쓰지 말고, 말도 안 되는 핑계나 대지 마! 신뢰란 잃지나 않으면, 그게 상책이야!

오죽했으면 "핑계 없는 무덤 없다."는 말까지 생겼겠어?

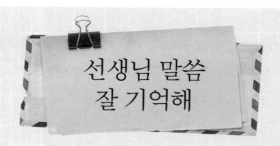

선생님 말씀 잘 기억해

제이!

선생님 말씀 잘 기억해! 담임선생님 말씀 기억나니? "야! 이 똥기계들아! 똥자루들아! 정신 차려!" 이 말은 고등학교 3학년 때, 담임선생님이 첫날 교실에 오셔서 교탁에 서자마자 하신 첫 말씀이야. 널 보고 만약 똥을 만드는 기계, 똥을 담아 가지고 다니는 자루일 뿐이라고 한다면, 너무도 억울하겠지?

하지만 정신 차리지 않으면 그렇게 될 수밖에 없는 것이 현실인 것 같더라. 현재의 제 분수도 모르고, 까불며 살다가는 영원히 똥기계나 똥자루 신세가 될 뿐이야.

"나는 결코 똥이나 만드는 똥기계, 똥이나 담아 가지고 다니는 똥자루 신세일 수는 없다."고 소리치고 싶으면, 방법은 오직 이것 하나뿐이야. "정신 똑바로 차려!" 현재 네 위치가 어딘지 잘 봐! 지금 네가 가고 있는 길이 진실로 가야 하는 길인지, 아닌지를 똑바로 살펴봐! 혹시 잘못된 길로 이미 들어섰다면, 스스로 그 길을 버리고, 올바른 길로 다시 가! 잘못된 길을 멈추고 바른 길로 가는 것은 단 1초라도 빠를수록 좋은 거야. 이게 바로 똥기계, 똥자루 신세를 면하는 길이야. 현재 네 위치도 모르고 까불지 말란 말이야!

똥기계, 똥자루야!
이제 정신 좀 드냐?

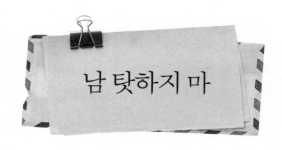

남 탓하지 마

제이!

남 탓하지 마! 남을 탓한들 무슨 소용이 있겠니? 가난하다고 탓한
들 무슨 소용이 있겠니? 세상이 힘들다고 탓한들 또 무슨 소용이 있
겠니? 당연히 아무 소용이 없는 짓이겠지. 그럼 이 세상에 남을 탓해
서 바뀔 수 있는 것이 뭐 있겠니? 그것은 오직 너의 이름이 "바보"로
바뀌는 것 아니겠니? "밀가루 팔러 나가니 바람 불고, 소금 팔러 나
가니 이슬비 온다."고, 하늘을 탓하며 투덜대는 "바보"처럼!

그런데 바보도 다 급수가 있다고 하잖아. 남을 탓하며 짧은 인생만 낭비하는 바보는 "바보 선발 대회"에 나가면 최우수상을 탈 수 있 겠지? 최우수상은 좋은 거라고? 천만에, 아무리 최우수상이 좋다고 하더라도, 그런 얼빠진 바보 상을 받아서야 되겠니? 그런 상은 받고 싶은 사람이나 실컷 받으라고 해! 난 그런 건 사양하고 싶다. 너도 그 렇겠지?

원래 "서툰 목수가 죄 없는 연장 패대기친다."고 그랬잖니? 안 그 래? 또 툭하면, 조상 탓만 늘어놓는 사람들이 잘사는 것 봤어? 못 본 게 당연하겠지. 그 조상도 그런 놈은 쳐다보기도 싫었을 거야! 함부 로 조상 탓하는 거 아니다!

이 이야길 한번 읽어 봐! "집안이 나쁘다고 탓하지 말라. 나는 아 홉 살 때 아버지를 잃고, 마을에서 쫓겨났다. 가난하다고 탓하지 말 라. 나는 들쥐를 잡아먹으며 연명했고, 목숨을 건 전쟁이 내 직업이 고, 내 일이었다. 작은 나라에서 태어났다고 탓하지 말라. 난 그림자 말고는 친구도 없고, 병사는 고작 10만, 백성은 어린애와 노인까지 합쳐 2백만도 되지 않았다. 배운 게 없다고, 힘이 없다고 탓하지 말 라. 나는 내 이름도 쓸 줄 몰랐으나, 남의 말에 귀 기울이면서, 현명 해지는 법을 배웠다. 너무 막막하다고, 그래서 포기해야겠다고, 말하지 말라. 나는 목에 칼을 쓰고도 탈출했고, 뺨에 화살을 맞고 죽었다 살아나기도 했다. 적은 밖에 있는 것이 아니라, 내 안에 있었다. 나는 내 안의 거추장스러운 것을 깡그리 쓸어버렸다. 나를 극복하는 순간, 나는 칭기즈 칸이 되었다." 이 이야기는 인류역사상 가장 거대한 제국을 세운, 몽골 초원의 꼬마였던, 칭기즈 칸의 어록이야. 이걸 읽어보고도 남을 탓하고 싶으면, 실컷 해 봐! 너만 바보 될 뿐이니까. 혹시 "난 바보야!"라고 외치는 것이 더 좋으면, 그렇게도 해 봐! 바보도 다 등급이 있지 않겠어?

　탓하는 버릇 길들여지면, 죽을 때까지 못 버려!
　그 버릇 지금 당장 버려!

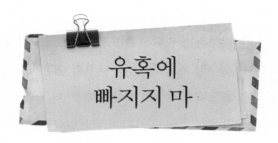

유혹에
빠지지 마

제이!

유혹에 빠지지 마! 유혹이라는 녀석은 쳐다보지도 마! 그 녀석은
멋지고 예뻐 보일수록 더 요물이야! 유혹이라는 녀석이 그렇게도 예
뻐 죽겠니? "유혹"이라는 녀석과 싸워서 이기면 네 인생길에 행운의
여신이 기다리고 있지만, 그 녀석과 싸워서 지는 날엔 그날로 네 인
생은 끝장이 나고 만다는 걸, 알고 있지?

그 녀석은 네가 가는 곳마다 어디든 따라다니며, 하루에도 몇 번
씩 싸우자고 덤벼들기도 하고, 때론 결혼하자고 떼를 쓰기도 할 거

야. 하지만 넌 그 녀석과는 싸워서 져도 안 되고, 그 녀석과 결혼을 하는 것은 더더욱 안 돼. 왜냐하면, 그 녀석과 결혼하는 순간, 너는 물론 네 집안까지 통째로 몰락하기 때문이지.

"코 큰 총각 엿 사준다."는 옛 속담도 있잖아. 그 녀석이 괜히 엿 사주겠어?

다 꿍꿍이속이 있으니까 그러는 거겠지. 크고 좋은 것들을 가진 널 유혹하려고 미끼까지 주어가면서 유혹하는 것 아니겠니? 그런 미 끼에 넘어가는 멍청이가 되어서는 안 되겠지? 그런 녀석은 처음부터 상대하지 않는 것이 상책이야. 그런 녀석은 만나지 않아도 사는 데 지장이 없잖아. 그 녀석은 네가 모르는 사이에 네 침실에까지 찾아올 수도 있어.

그땐 찬물로 세수하고, 정신 차려!
그리고 인정사정 봐 줄 것 없어.
즉시 쫓아 버려!

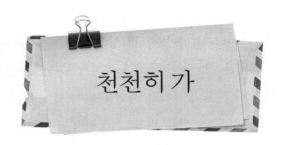

천천히 가

제이!

천천히 가! 인생길에 지름길이 어디 있겠니? 지름길이란 원래 없는 거야. 돌아가는 길이 곧 지름길이야! "급할수록 돌아서 가라!"는 속담도 있잖아. 없는 지름길 찾는다고 시간만 낭비하다 보면, 결국 마음만 더 급해져서 아무것도 이루지 못하고 끝장날 뿐이지. 만약에 지름길이 있다면, 그 길은 오히려 지나치게 서두르지 않고, 마음을 다스리는 것에서부터 시작되지 않겠니? 또 인생은 서두르지 않고, 천천히 살아갈수록 더 아름답다는 걸 모르겠니?

무엇 때문에 서둘러서 가야 하니? 성급한 마음이 실패를 부르는 법이야. 분명한 것은 서둘러서 될 일도 많이 있지만, 서둘러서 오히려 일을 망치는 경우가 더 많다는 사실을 잊지 마! 기다려야 할 땐, "시간이 해결해 준다."는 말을 믿고, 느긋하게 기다릴 줄도 알아야 하지 않겠니? 그러니 무조건 지름길을 찾는다고 헤매지 마!

　　혹시 네 주위에 꼭 서둘러서 빨리 가고 싶다는 사람이 있으면, "난 천천히 느리게 갈게. 너나 먼저 빨리 가!"라고 해! "빨리 피는 꽃이 빨리 진다."고 하잖아. 빨리 가는 것에 길들면, 저승길도 빨리 가게 된대.

　　정신 차려!
　　빨리 갈 곳이 따로 있지.
　　아무 데나 빨리 가면 상책이야?

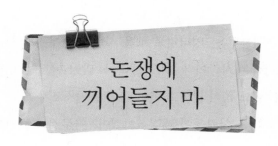

논쟁에
끼어들지 마

제이!

논쟁에 끼어들지 마! 그런 건 다 네 아까운 시간만 갉아먹을 뿐이야. "닭이 먼저다, 알이 먼저다." 그런 소모적인 논쟁에 끼어들어, 짧은 인생만 낭비한들 무슨 소용이 있겠니? 닭이 먼저든, 알이 먼저든, 그것이 네 인생에 무슨 상관이 있단 말이야? 닭이 먼전지, 알이 먼전지 그걸 알고 먹는 사람 봤어? 닭이 먼전지, 알이 먼전지, 전혀 알 수 없잖아? 닭이든 알이든 밥상에 오르면 오르는 대로, 잘 먹어 치우는 사람이 최고 아니겠어? 나에겐 닭이든 알이든 숫자가 중요할 뿐이지, 어느 것이 먼저인지는 알 필요도 없어!

벤자민 프랭클린은 "엉터리로 배운 사람은 아무것도 모르는 사람보다 더 어리석은 사람이다."라고 했잖아. 닭이 먼저인지, 알이 먼저인지는커녕, 어느 쪽이 닭이고 어느 쪽이 알인지조차 모르면서, 제멋대로 떠들어 대는 사람들이 제정신이겠어? 아무것도 모르는 사람보다 그 사람들이 더 어리석은 사람 아니겠어?

"개싸움에 물 끼얹기"라는 속담 들어 봤어? 개싸움 말린다고 물 끼얹어 봤자, 더 시끄러워질 뿐이잖아. 그런 싸움을 위한 싸움을 말린답시고 끼어들면, 불난 집에 부채질할 뿐이야. 그러니 더 짖어 대는 족속들과는 처음부터 어울리지 않는 게 상책이야. 그런 건 논쟁이든 싸움이든 말릴 필요조차 없어! 실컷 싸워 보라고 해! 넌 들어도 못 들은 척, 그냥 너 갈 길이나 가! 그런 필요 없는 논쟁은 벌이고 싶은 족속들이나 죽을 때까지 해 보라고 하면 어떨까? 그 족속들은 죽을 때까지 싸워도 뭐가 먼저인지 몰라! 그런 족속들에게는 이렇게 말해!

"영원히 안녕!"
"지구 밖으로 잘 가!"

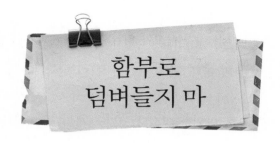

함부로
덤벼들지 마

제이!

함부로 덤벼들지 마! 그건 어리석은 짓이야. 미국의 작가 헬렌 켈러가 "인생은 과감한 모험이든가 아니면, 아무것도 아니다. 신은 용기 있는 자를 결코 버리지 않는다."라고 한 말은 어떤 꿈을 이루어 낼 수 있다는 자신감과 용기를 잃지 말라는 것이지, 결코 무모한 짓을 하라는 것이 아니잖니? 그녀가 들려주는 그 멋진 말은, 네가 툭하면 벌이려고 하는 그런 무모한 짓과는 전혀 달라. 그녀의 말을 잘못 이해하고, 함부로 덤벼든다는 건 웃기는 거야. 모험한다는 것과 무모하게 덤벼드는 건, 개념부터가 다르기 때문이지. 그녀의 말을 조용히 다시 한 번 음미해 봐! 네가 하고자 하는 무모한 짓과 모험은 전적으로 다르다는 걸 알 수 있을 거야.

그래도 "계란으로 바위를 치겠다."고? 그게 바로 멍청한 짓일 뿐이야. 바위로 계란을 치는 건 몰라도 계란으로 바위를 치는 건, 생각해 볼 필요조차 없겠지? 세가 불리하다는 것을 알았으면, 눈치 보지 말고 꼬리를 내리는 것이 상책이야. 뭐 체면이 밥 먹여 주겠어? 바위에다 계란을 던져 봤자, 바위는 꿈쩍도 하지 않고, 깨진 네 계란만 아까울 뿐이야. 차라리 그런 계란 있으면, 삶아서 배나 채우는 것이 어때?

"행복의 비결은 포기해야 할 것을 포기하는 것이다." 이 말은 네가 이미 철강왕이자 기부왕으로 알고 있을 앤드류 카네기가 들려주는 말이야. 살아가면서 참고해 봐!

살면서 무모한 짓을 해 봤자, 너만 손해보는 거야.
바보가 따로 있냐? 그게 진짜 바보지.

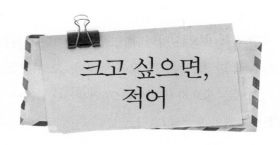

크고 싶으면,
적어

제이!

크고 싶으면, 적어! 요즘 "적자생존"이란 말이 뜨고 있잖아. 적자 생존이 뭐냐고? "적지 아니하는 자, 생존하지 못한다."는 말 아니겠 니? 그게 아니라고? 그럼 뭐야? "환경에 잘 적응하는 생물만이 살아 남을 수 있고, 그렇지 못한 생물들은 살아남지 못한다."는 말이라고? 그건 나도 알아! 중학교 생물 시간에 그렇게 배웠으니까.

근데, 요즘 그 뜻이 확 바뀌었다는 거야. "적는 습관을 가진 자가 살아남을 수 있고, 그렇지 않은 자는 살아남을 수 없다."는 말이라는 거야. 살다 보면 문득 떠오른 아이디어, 우연한 기회에 들은 이야기, 감명 깊게 읽은 글 한 줄 같은 거 많이 있잖아. 그런 것들을 메모해 두면, 지금 당장에는 필요하지 않더라도 언젠가는 소중하게 쓰인다는 말 아니겠어?

개그맨 김병만도 "적지 않는 자는 살아남지 못한다."고 했던데, 개콘 세상에서는 그걸 더 치열하게 느끼는 것 같지? 어쩐지, 병만 대장은 정글 속에서도 종이에든 손바닥에든 무언가 계속 적고 있더라니까. "병만 대장은 적는 습관을 가지고 있다."고 말하는 것보다는 "이것저것 적다 보니, 어느덧 병만 대장이 되었다."고 말하는 것이 더 어울리지 않을까? 그 적는 버릇 덕 톡톡히 보았겠지? 그래서 "너도 크고 싶으면, 적어!"라고 말한 거야!

떫으면, 적지 마!
하지만 적지 않은 손해는 네 몫이야!

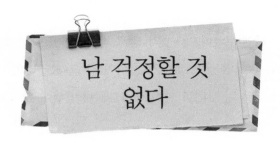

남 걱정할 것 없다

제이!

남 걱정할 것 없어. 네 걱정이나 해! 원래 "더부살이하는 총각이 주인집 아씨 혼사 걱정한다."고 하잖아. 얼마나 웃기는 일이야? 아주 꼴사나워서 웃겨 죽겠지? 나도 웃겨 죽겠어. 구만 리 같은 제 앞길도 갈 줄 모르는 주제에 쓸데없이 잘나가는 남의 걱정을 하는 놈들을 비웃는 말 아니겠어? 제 발등에 불 떨어진 녀석이 남의 발등에 물 묻은 걸 걱정하는 꼴이라니! 자기 집 제사는 언제인지도 모르면서 괜히 남의 집 제사에 가서 "감 놓아라, 대추 놓아라." 하는 꼴이니, 지나가는 소도 웃긴다고 하지 않겠어?

남의 장기판에서 훈수 둘 생각 말고, 네 장기판이나 잘 봐! 남의
일에 간섭하다 내 인생 해 떨어지는 법이야! 그래도 남의 일에 간섭
하고 싶으면, 차라리 잠이나 실컷 자! 그게 네 인생에 훨씬 도움이 될
거니까.

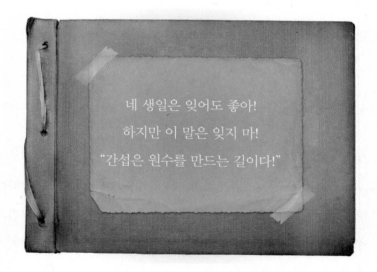

네 생일은 잊어도 좋아!
하지만 이 말은 잊지 마!
"간섭은 원수를 만드는 길이다!"

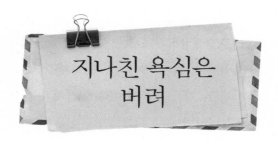

지나친 욕심은 버려

제이!

지나친 욕심은 버려! 계영배가 뭔지 알고 있어? 최인호의 소설 『상
도』에도 나오고, TV 드라마 〈상도〉에서도 나오잖아. 뭐? 술잔이라
고? 그래, 술잔은 맞아. 근데 술잔이라고 쉽게 말해도 될까? 그렇게
말하면, 공자님이 열 받겠지. 공자의 언행을 기록한 『공자가어』에는
〈유좌지기〉에 대한 이야기가 이렇게 실려 있잖니?

어느 날 공자가 제나라 환공의 사당을 찾았을 때, 그곳에서 속이
빈 채 기울어져 있는 그릇 하나를 발견하고는 빈 그릇이 기울어져 있

는 까닭을 궁금히 여겨 사당지기에게 물었더니, "환공이 살아생전 곁에 두고 보던 그릇입니다. 속이 비어 있으면 기울어지고, 속을 적당히 채우면 바로 서지만, 가득 채우면 이내 엎질러지고 맙니다."라고 대답하자, 공자는 감탄하며, "무엇이든 가득 채우면 넘치거나, 엎어지게 마련이다. 사람의 마음 또한 그와 같으니, 마음을 잘 다스려야 한다."고 말했지. 이 이야기의 교훈은 "지나친 것은 미치지 못한 것보다도 못하니, 지나친 욕심을 경계해야 한다."는 것 아니겠어?

이 〈유좌지기〉에 담긴 뜻이 중국에서만 통하는 말일까? 우리나라에도 이와 똑같은 그릇이 있잖니? 최인호의 소설 『상도』에 나오는 계영배戒盈杯라는 술잔이 바로 그것 아니겠어? "가득 채움을 경계하는 잔"으로 알려진 그 계영배가 아니겠어? 〈설백자기〉로 명성을 떨친 도공 우명옥의 손으로 만들어졌다고 하잖아. 술로 잔의 70% 이상을 채우면, 술이 모두 밑으로 흘러내리는 그 신통한 계영배 말이야.

『상도』를 보면, 주인공 거상 임상옥은 인삼 무역을 독점해, 임금님도 부럽지 않을 만큼 거부가 된, 조선 제일의 부자였잖아. 그런 임상옥이 항상 계영배를 곁에 두고 있었던 까닭은 재물에 대한 욕심을 억제하고, 권력을 탐하는 것을 스스로 경계하기 위한 것이 아닐까? 이

신통한 술잔인 계영배가 담고 있는 뜻이 어떻게 환공과 임상옥에게 만 통하겠어? 너도 한 번쯤 음미해 봐! 음미하기도 전에 술부터 생각 나냐? 하긴, 그 계영배를 만든 도공 우명옥도 술 도가니에 빠졌다가, 겨우 정신 차렸지. 너도 그렇게 한번 해보고 싶어? 그럼 안 말릴게. 그렇게 한번 해 봐!

새무얼 스마일즈도 "악의 근원을 이루는 것은 돈 그 자체에 있는 것이 아니라, 돈에 대한 지나친 욕심에 있다."고 말한 데에는 그만한 이유가 있지 않겠니? 도대체 인간의 욕심이 얼마나 끝이 보이지 않았 으면, 옛말에 "말 타면 종놈 부리고 싶어진다."고 했겠어. 뭐? 재물만 생긴다면, 호랑이 눈알이라도 뽑아오겠다고? 제발, 그런 욕심 버려!

그 재물 들어오기도 전에
너만 꼴좋게 호랑이 밥그릇으로 들어갈 뿐이야.
그땐 정신 차려도 소용없어!

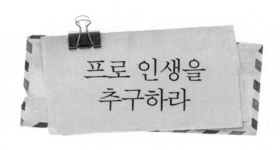

프로 인생을
추구하라

제이!

프로 인생을 추구해! 너도 프로가 되고 싶지? 프로가 되기 위해서
는 꼭 갖추어야 할 조건이 있어. 그 조건을 완벽하게 갖추면, 프로가
될 수 있지 않겠니? 제프리 폭스가 쓴 책『왜 부자들은 모두 신문 배
달을 했을까?』에 실린 것 중에 꼭 알려주고 싶은 게 있어. 그건 바로
〈신문 배달 십계명〉이야. 언제 어디서나 이걸 따르는 자는 프로가 되
겠지.

자! 천천히 읽어 줄게, 눈을 지그시 감고 들어 봐!

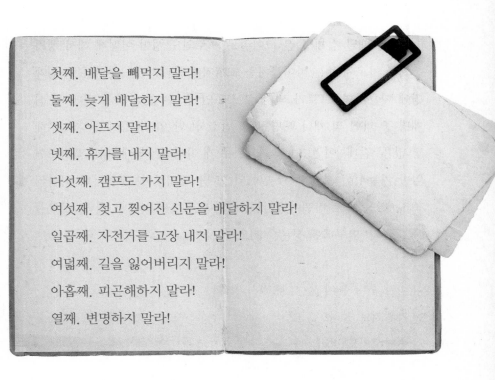

첫째. 배달을 빼먹지 말라!

둘째. 늦게 배달하지 말라!

셋째. 아프지 말라!

넷째. 휴가를 내지 말라!

다섯째. 캠프도 가지 말라!

여섯째. 젖고 찢어진 신문을 배달하지 말라!

일곱째. 자전거를 고장 내지 말라!

여덟째. 길을 잃어버리지 말라!

아홉째. 피곤해하지 말라!

열째. 변명하지 말라!

어리고 배고플 때, 이미 이 계명을 몸으로, 마음으로, 눈물로 체험한 그들이 부자가 되지 않고, 대통령이 되지 않는다면, 어느 놈이 그렇게 될 수 있겠어? 어리고 배고플 때, 새벽이슬 맞으며, 신문을 배달하면서 이 계명을 체험했다면, 그에겐 성공이란 어떻게 해서 이루어지는 건지, 그 비밀이 훤히 보이지 않았겠어? 그런 배곯은 신문 배달 꼬마가 커서 회장이 되고 대통령이 되는 건 당연하지 않겠어?

〈신문 배달 십계명〉은 그야말로 프로의 근성이 어떻게 해서 생기는지를 가르쳐 주는 바이블처럼 느껴지지 않니? 어느 분야든 이 십계명에 따른다면, 프로가 되기 싫어도 안 될 수 없겠지? 그런데 이 십계명 중 과연 몇 개나 해당될까? 맙소사! 난 열 개 중에 한 개도 "해당 없음" 같네. 이런! 넌 몇 개나? 두 개 아니면, 세 개? 와! 그 정도면 일단 가능성이 보이잖니? 빌어먹을! 난 꽝이잖아! 오늘부터 하나씩 "해당 있음"으로 바꿔야겠지? 성공하려면 모두가 잠든 새벽, 골목길을 누벼라! 옆구리엔 신문을 끼고서!

비가 오나 눈이 오나, 빼먹지 말라!
아프지도 말라!
변명하지도 말라!
그럼 넌 분명히 프로가 되리라!

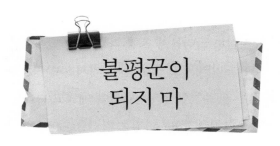

불평꾼이
되지 마

제이!

불평꾼이 되지 마! 별일 아닌 것 가지고, 불평하면 되겠니? 툭하면, 불평불만 늘어놓는 것도 병이야. 그것도 습관이 되면 불치병 되는 거잖아. 불치병이 뭔지는 알고 있잖니? 그건 구제불능! 오죽하면, 미국의 철학자이자 시인인 헨리 데이비드 소로우가 "불평꾼은 천국에 가도 불평을 한다."고 했겠어?

큰일을 하고 싶으면, 작은 불평불만 따위는 그냥 넘어가! "행복은 불만을 다스리는 자의 몫이다."라고 외쳐 봐! 불만을 잘 다스리면,

행복도 성공도 저절로 굴러들어 올 거라고 한번 믿어보면, 어때? 제 인생에 별로 영향을 미치지도 않을 일을 가지고 불평불만을 주둥이에 달고 사는 것은 제 주둥이에 자살폭탄을 매달고 다니는 것과 같지 않겠어? 쓸데없이 불평하지 마! 불평은 자신을 파괴하는 자살폭탄일 뿐이야.

살다 보면 불만스러울 때도 있고, 만족스러울 때도 있는 법이 아니겠니? 언제나 불만거리 없이 만족스럽기만 하면, 무슨 재미가 있겠어. 무슨 일이 내 뜻대로 되지 않을 땐, 이 세상은 결코 나만을 위해서 만들어진 것이 아니라는 사실을 한 번 생각해 봐! 그러면 세상일이 다 내 뜻대로만 되어야 할 이유가 없다는 것도 알게 될 거야. 또 "그건 누구나 겪는 괴로움이겠지"라고 생각해 봐! 가슴속에 자리 잡고 있던 불만은 어느새 사라져버리고, 너도 모르는 사이에 그 자리엔 평화가 깃들어 있을 거야. 얼굴에 불만의 화살 대신 웃음꽃을 피워 봐! 그리고 웃음꽃에는 억만금의 가치가 담겨 있다고 믿어 봐! 불평 불만엔 후회만 따를 뿐, 아무런 이득이 없다는 걸 알게 될 거야.

수학 시간에 배운 대로 인생 방정식도 한번 풀어 봐! 불평과 매력은 꼭 반비례한다는 거, 봤지? 불평이 백 점에 가까운 사람일수록,

매력은 빵점에 가깝다는 거 아니겠어? 백 점도 나름이지, 아무거나 백 점 맞니? 쟨, 불평 백 점짜리라고? 그럼 걔는 빵점이야! 넌 매력 백 점짜리라고? 와! 그게 최고 아니냐? 이 지구상에 인간이 존재하는 한, 불멸의 진리는 뭘까? 궁금하니? 내가 알려줄게, 네 귀를 이쪽으로 살짝 대 봐!

　"불평하면, 찍힌다. 그리고 찍히면, 끝장나!"
　잘 들었지?

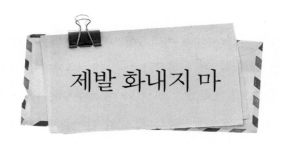

제발 화내지 마

제이!

제발! 화내지 마! 쓸데없이 화만 자주 내봤자, 네 몸만 병들 뿐이
니까. 화낼 거만 찾으면 화낼 거만 보이지만, 또 즐거울 거만 찾아보
면, 즐거울 거만 보이는 게 바로 세상살이야. 그런데 중요한 건, 이
세상엔 화낼 일보다는, 즐거워할 일이 훨씬 많다는 사실이야. 그런데
도 시도 때도 없이 화내는 사람이 널려있는 이유가 뭘까? "사람이란
자기가 보고 싶은 것만 보는 동물"이기 때문이 아닐까? 아무짝에도
필요 없는 화만 가득 담고 살아봤자 그걸 언제 어디에 쓸 수 있겠어?

네 따뜻한 가슴에 즐거운 것만 가득 담아 봐! 어떤 기분 나쁜 일이 있을 때, 남에게 화풀이하기보다는, 오히려 그들을 더 기쁘게 해 봐! 그러면 잔뜩 긴장했던 그들은 너에게 수십 수백 배의 기쁨을 돌려주려고 노력할 거야. 홧김에 던져버린 말 한마디는 자신에게 들어올 행운이 영원히 들어오지 못하도록 문에 대못질 하는 거 아니겠어? 이왕 손해가 났고, 그걸 돌이킬 수 없을 땐, 기쁘게 손해 봐! 그럼 그 손해는 결코 손해만은 아닐 수도 있으니까. 이미 돌이킬 수 없는 손해를 가지고 미친 것처럼 흥분해서, 이러쿵저러쿵 떠들어대 봤자, 진짜 미친 사람 되고 말아!

책 『잠 못 이루는 밤을 위하여』의 저자로 유명하고, 정치가이자 변호인인 칼 힐티가 "사람은 먼저 자신을 통제할 줄 알아야 한다. 자기 한 몸을 통제하지 못하고, 어떻게 남을 통솔할 것인가? 노여움과 폭발적인 감정 따위는 모두 자신을 통솔하지 못하고 있다는 증거이다. 남한테 저항하는 것보다, 먼저 자신에게 저항해야 한다. 자신을 극복하는 것이 남도 이기는 것이다."라고 한 이 말을 정신이 들 때까지 곱씹고 또 곱씹어 봐!

"화를 내어 이기는 것은, 결국 지는 것이다."라고 말한 네로 황제의 스승, 세네카의 말에 동의할 수 없다면, 세네카의 무덤에 찾아가서, 화내며 따져 봐! 왜, 화내면 이겨도 지는 거냐고? 그럼 세네카는 분명 이렇게 대답해 줄 거야. "그래서 지는 것이다."라고.

화가 나면 이유는 묻지 말고, 그냥 하늘을 보고 열까지 세어 봐! 그래도 화가 난다면, 나도 어찌할 수 없어! 그건 조절할 수 없는 상태가 되어 버린 거니까.

때로는 적당히 화내는 사람이 되는 것까지는 좋아!
하지만 완전 눈 돌아간 사람은 되지 마!

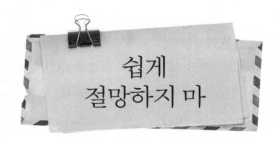

쉽게
절망하지 마

제이!

쉽게 절망하지 마! 이 세상 누구도 고난 없이는 어떠한 목표도 성취할 수 없는 거야. 목표란, 고난을 이겨야 비로소 성취되는 법이니까. 괴로울 땐, 다른 사람들도 다 겪는 거라고 생각해 봐! 그래도 괴로우면, 그냥 바보처럼 웃어 봐! 언제나 웃을 수 있는 밝은 성격은 어떠한 재산보다도 귀한 보물이야.

"웃음이 적은 곳에는 매우 적은 성공밖에는 있을 수가 없다."고 앤드류 카네기가 말했잖니? 이 말도 실은 앤드류 카네기 할아버지가 인심 듬뿍 쓰고 좋게 말해 준 거야. 난 이 말을 "웃음이 적은 곳에는 매우 적은 성공조차도 있을 수가 없다."고 수정해 주고 싶어. 카네기 할아버지도 처음엔 이렇게 말해 주고 싶었을 거야. 힘들 때일수록 더 크게 웃어 봐! 멋지게 웃는 방법, 〈웃음 십계명〉이라는 걸 알려 줄게.

〈웃음 십계명〉

첫째, 크게 웃어라!

크게 웃는 것이 최고의 운동법이며, 크게 웃을수록 더 큰 자신감이 생긴다는 거야.

둘째, 억지로라도 웃어라!

그럼 병도 무서워서 도망간다는 거야. 웃기지?

셋째, 일어나자마자 웃어라!

아침에 첫 번째 웃는 웃음이 보약 중의 보약이라고 하더라. 보약 열 첩보다 낫다니까, 실컷 웃어 봐!

넷째, 시간을 정해놓고 웃어라!

그럼 병원과는 영원히 안녕이래. 네가 병원 망하는 것까지 걱정할 필욘 없잖니?

다섯째, 마음까지 웃어라!

얼굴 표정보다 마음 표정이 더 중요하다니. 마음까지 웃어야 하는 건 당연하잖니?

여섯째, 즐거운 생각을 하며 웃어라!

즐거운 웃음이 즐거운 일을 창조한다는 거야. 웃으면 복이 온다고 하잖아.

일곱째, 함께 웃어라!

혼자 웃는 것보다, 엄청 효과가 좋다는 거야.

여덟째, 힘들 때 더 웃어라!

진정한 웃음은 힘들 때 웃는 거래. 그래서 괴로울 땐 일단 웃고 보라는 거야.

아홉째, 한번 웃고 또 웃어라!

웃지 않고 하루를 보낸 사람은 그날을 낭비한 것이나 마찬가지라고 하잖아.

열째, 꿈을 이뤘을 때를 상상하며 웃어라!

꿈과 웃음은 한집에 산다는 거야. 이렇게 웃으며 산다면, 더 이상 절망할 게 없지? 절망은 바보들이나 하는 거야. 넌 결코 바보가 아니잖니?

"나는 어릴 때, 가난 속에서 자랐기 때문에 온갖 고생을 참으며 살았다. 겨울이 되어도 팔꿈치가 노출되는 헌 옷을 입었고, 발가락이

나오는 헌 구두를 신었다. 그러나 소년 시절의 고생은 용기와 희망과 근면을 배우는 하늘의 은총이라 생각하지 않으면 안 된다. 영웅과 위인은 모두 가난 속에 태어났다. 성실하고 근면하며, 자신의 일에 최선을 다한다는 정신만 있으면, 가난한 집 아이들은 반드시 큰 꿈을 이룰 수 있다. 헛되이 가난을 슬퍼하거나 역경을 맞아 울기만 하지 말라. 미래의 밝은 빛을 향해 분투하고, 성공을 쟁취하지 않으면 안 된다." 이 말은 미국의 제16대 대통령 에이브러햄 링컨이 한 말이야. 백 번만 읽어 봐! 하지만 난 널 믿잖아.

넌 단 한 번만 읽어도 "자신 있어!"라고 외칠 거야.
그래서 난 네가 좋아!

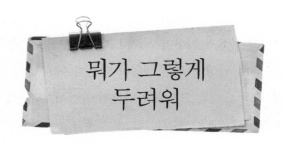

뭐가 그렇게
두려워

제이!

뭐가 그렇게 두려워? 사람들은 인생목표를 세우고 싶어도 세우지
못하는 이유가 그 목표를 이루지 못할까 봐 세우지 못한다는 거야.
참 웃기지 않아? 그럼 세우지 않으면, 세우지도 않은 목표가 어떻게
이뤄지냐? 분명한 것은 이거야! 귀 기울이고 잘 들어 봐!

목표를 세워도 그 목표가 이루어질 수도 있고, 이루어지지 않을
수도 있어! 하지만 세우지도 않은 목표가 이루어지는 경우는 이 지구
가 두 쪽으로 갈라져도 없어! 그리고 그 목표를 향해서 스스로 도전

하지 않는 한, 그 목표가 이루어지는 것 역시 지구가 반 토막 나도 불가능해! 왜 스스로 인생 목표를 세워야 하는지 이젠 알겠어? 또, 그 목표를 향해서 왜 스스로 도전해야 하는지 알겠어? 두려워 말고, 스스로 목표를 세우고, 그 길을 가!

MBC TV 드라마 〈여왕의 교실〉 봤어? 봤다고? 네 기억에 남는 멋진 대사는 뭐야? 난 마여진 선생님이 해준, 이 말이 감동이었어. "멍청한 놈들! 이제 어리광 그만 부려! 태어나는 모든 생명은 살아야 할 권리가 있는 거야. 스스로를 포기할 권리는 누구에게도 없어! 너도 너 스스로를 버려서는 안 돼! 넌 태어나는 순간부터 소중한 존재이니까." 가슴이 찡하지 않아? 아직도 가슴이 찡하는 느낌이 오지 않는다면 마 선생님이 해준 말을 조금 더 해볼까? 기억나는 대로 말해 줄게, 그냥 들어 봐!

"어리광은 그만 부려! 선생님에게 물어봐서 결정하겠다는 어리광은, 이제 그만 부려! 언제까지 선생님, 선생님 찾으면서 살 건데? 답은 이미 너희들이 가지고 있어! 알 수 없는 내일이 불안한 건, 당연한 일이야! 하지만 그 불안함 때문에 오늘을 낭비하고 사는 건, 가장 멍청한 짓이야. 너희 같은 애들의 내일이 어떨지 알려 줄까? 너희들은 매일 매일을 두려움에 떨며 살 거야. 세상을 살다 보면 불안을 속 삭이며, 너희에게 두려움과 공포를 심어 주는 많은 사람을 만나게 될 거야. 좋은 대학을 나오지 않으면 낙오자가 될 거고, 성형수술을 해 서 예뻐지지 않으면 모두가 널 미워할 거다. 두렵지? 하지만 기억해! 너희들이 살 수 있는 시간은 어제도 아니고, 내일도 아니고, 오직 오 늘, 지금 여기 이 시간밖에 없어! 마음이 불안해질 때마다 살아있는 너희들을 느껴 봐! 눈을 감으면, 불어오는 바람 소리가 느껴질 거야. 가슴에 손을 얹으면, 심장의 두근거림이 느껴질 테고. 귀를 기울이 면, 친구들의 웃음소리가 들릴 거야. 미래에 대한 두려움 때문에, 오 늘 너희에게 주어진 소중한 것들을 포기하는 멍청한 짓을 하지 마!"

이게 마 선생님이 들려준 말이야. 이것이 바로 청춘을 위한 메시 지가 아니겠어? 마 선생님의 목소리도 들리는 것 같지? 마 선생님이 네 눈을 뚫어지게 바라보면서 들려준, 이 말을 잊지 마! 그걸 잊는 순 간, 넌 마 선생님이 말한 대로 멍청한 놈이 되는 거야. 진짜 멍청한 놈이!

이 이야기는 로랑 구넬이 한 말이야. 잘 음미하며 읽어 봐! "제대 로 해내지 못할 것 같아서 두려운가? 우리가 느끼는 두려움은 대부분

머릿속에서 만들어 낸 창작품이다. 그걸 깨닫지 못하는 것뿐이다. 걸음마를 배우는 아기를 보라! 아기가 단번에 성공할 거라 믿는가? 다시 서 보고, 그러다 쿵 하고 넘어지곤 한다. 아기는 평균 이천 번을 넘어져야, 비로소 걷는 법을 배운다."

이 말을 참고하며, 겁내지 말고 목표를 세워 봐! 그리고 그 목표를 향해서 누구의 눈치도 보지 말고 가 봐! 넌 이미 아기 시절에도 이천 번씩이나 넘어지면서, 걸음마를 성공한 주인공이잖아. 그런데 뭐가 그리도 두려워?

네 일생을 살아가는 동안, 넌 이미 이천 번 넘어지고
다시 일어나서 걸음마를 성공한 아기란 걸 잊지 마!
그것이 바로 네 생애 최고의 무기니까!

오버하지 마

제이!

오버하지 마! 오버하는 건 때로는 장점이 될 수 있다고? 그렇게 생각할 수도 있겠지. 하지만 그건 한참 착각하는 거야. 단점이 훨씬 크게 드러나는 거라고 알고 있으면 되는 거야. 제 분수도 모르고 까부는 짓은 좋은 일인지 나쁜 일인지 따져 볼 필요도 없어. 그건 오직 꼴사나운 오버일 뿐이란 걸 잊지 마! 남을 배려하거나 위로하는 것조차도 지나치면, 그게 다 오버하는 것 아니겠어? 배려나 위로도 때와 장소, 상대에 맞춰서 해야지, 분위기 파악도 못 하고 까불면 당연히 오버하는 거야.

예를 들자면, 머슴 사는 총각이 주제넘게 주인집 딸 시집갈 것 걱정해서야 되겠어? 제 꼬락서니도 모르고 말이야. 그건 네가 생각해봐도, 당연히 꼴불견이지? 또 말이 앞서거나, 지키지도 못할 약속을 여기저기 남발하고 다니는 건 최고의 오버를 하는 꼴이 아니겠니? 넌 말을 줄여! 말만 줄여도 중간은 간다고 하잖아. 일단 입을 열기 시작하면, 누구나 오버하고 싶은 충동이 생기는 법이야. 그래서 입 여는 것을 조심하라는 것 아니겠어? 쓸데없이 남 걱정할 필요는 없어. 자기 자신이나 걱정 없이, 그리고 욕 안 먹고 살면, 그게 바로 옆 사람을 도와주는 것 아닐까?

너의 생각과 말과 행동들이 오버하여 함부로 튀어나오지 않도록, 잘 묶어 둬! 그것들이 함부로 튀어나와서 여기저기 떠돌아다니면, 졸지에 너만 개망신 당하는 거야.

개망신이 뭔지 잘 알지?
알았으면, 오버하지 마!

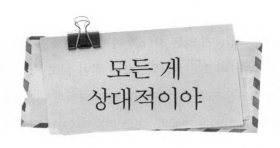

모든 게
상대적이야

제이!

모든 게 상대적이야! 이 세상 모든 일이 다 상대적인 거 아니겠어? 때로는 너만 골탕 먹이기 위해서 일어난 것처럼 느껴지는 일도, 알고 보면 다른 사람들도 다 자기만 골탕 먹는 거라고 생각한다는 거야. 모든 게 다 마음먹기에 달린 것 아니겠어?

"아름다운 연인의 마음에 들려고 노력할 때는 1시간이 1초처럼 느껴지지만, 뜨거운 난로 위에 앉아 있을 때는 1초가 1시간처럼 느껴진다. 그것이 상대성이다." 이 말은 천재 과학자 알베르트 아인슈타인이 남긴 말인데, 이것이 바로 상대성이론의 핵심 아닐까? 그는 또

"한 번도 실수를 해 보지 않은 사람은 한 번도 새로운 것을 시도한 적이 없는 사람이다."라고도 하잖니? 너만 운이 없고, 실수하는 것 아니야. 시도한 사람은 모두 실수를 경험하게 되어 있어. 더 나아가, 성공한 사람은 모두 실패를 경험한 사람이야. 행운이 너만 피해서 간다고 그렇게 서운해할 필요 없어.

조용히 짬을 내서 생각해 봐! 내 말에 공감할 거야. 너무 바빠서 그런 짬을 낼 시간조차 없다고? 10분이면 충분해. 뭐? 단 10분도 짬 낼 수 없다고? 에이, 그 정도는 아니겠지? "짬을 내지 못하는 사람은 항상 짬이 없다."는 서양인들의 속담도 못 들어 봤어? 네가 짬을 낼 수 없으면, 다른 사람들도 짬을 낼 수 없고, 다른 사람들이 짬을 낼 수 있으면, 너도 짬을 낼 수 있는 거 아니겠어?

이게 바로 상대성 이론이야! 상대성 이론이 뭐 별거야? 이젠 확실히 알겠어? 그럼 시간이 없어 죽겠다는 꾀병, 힘들어서 죽겠다는 꾀병, 그놈의 꾀병은 그만둬! 꾀병도 늘면, 진짜 병이 돼. 병 중에 제일 꼴사나운 병이 "꾀병"이야.

아무도 봐주지 않는 꾀병쟁이 되는 거야.
그땐, 진짜 아파도 꾀병쟁이일 뿐이야!

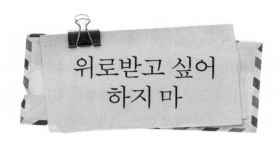

위로받고 싶어
하지 마

제이!

위로받고 싶어 하지 마! 어차피 위로란 없는 거야! 누구나 스스로 위로할 뿐이란 걸 잊지 마! 소설가 에드가 왓슨 하우, 그는 "사람들은 어느 한 사람이 성공하였을 때는 온통 달라붙어 잡아당기며 그 사람을 추락시키려고 기를 쓰다가 결국, 그가 추락했을 때는 도와주려고 하는 이상한 습성을 가진 존재다."라고 하잖니? 주위에 있는 사람들의 행태를 잘 살펴봐! 그 말이 어쩜 그렇게도 정확한 표현으로 들리는지 모르겠어.

이순신 장군이 한, 이 말도 잘 기억해둬! "위로란 어차피 없는 것이다." 그분도 어찌할 수 없이, 달 밝은 밤마다 수루에 홀로 앉아 쓴 눈물을 삼키시면서, 스스로 위로할 뿐이었겠지. 힘들 때 위로해 주는 사람 하나 없다고 슬퍼할 필요 없어. 그것이 바로 지극히 정상적인 것 아니겠어? "패배의 원인을 내 안에서 찾으면, 패배의 이유가 되지만, 다른 곳에서 찾으면 패배자의 변명일 뿐이다."라는 말을 들어봤지? 이 말을 곰곰이 생각해 보면, 모든 일이 그렇게 억울하게만 생각할 일도 아닐 거야. 그럼 굳이 위로를 받고자 할 이유도 없을 테고 말이야.

이 이야기도 한번 읽어 봐! "그녀는 항상 '나처럼 재수 없는 애도 없을 거야. 쟤는 예뻐서 정말 좋겠다.'라는 말을 입에 달고 살았다. 결국, 그녀를 설득하던 친구들은 하나둘씩 그녀 곁을 떠나기 시작했다. 너조차 널 비하하는데, 어느 누가 널 사랑해 주겠는가? 비참함은 다른 사람들이 주는 것이 아니라, 너 스스로 느끼는 것이다." 이 이야기는 『프린세스 마법의 주문』이라는 책에 나오는 거라며 누군가가 들려준 건데, 마음이 찡했어. 네 마음도 그렇지? 스스로 자기 자신이 재수 없다고 하는데, 누가 그를 재수 있게 해 주겠어? 자기 자신을 위로해도 부족할 판에, 위로는커녕 이렇게 자신을 짓밟으며, 비하해서야 되겠니? 남에게 위로받으려고 할 것 없어. 스스로 널 위로해 주면, 그것으로 충분해! 너무 슬퍼하거나, 분노하지도 마!

그럴 시간이 있으면, 조용히 널 위로해 줘!
위로는 스스로 하는 거니까.

3.

시작했으면, 끝까지 해봐

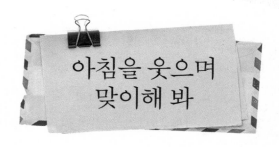

아침을 웃으며
맞이해 봐

제이!

아침을 웃으며 맞이해 봐! 그럼 하루를 멋지게 장식할 수 있을 거야. 좋은 아침이 좋은 하루를 만들기 때문이야. 아침엔 기분 좋게 웃는 것으로 시작해 봐! 아침에 눈을 뜨는 순간, 인생이 또 하루 연장되었다는 사실을 확인할 수 있잖아. 그것만으로도 충분히 웃을 수 있잖니? 간절한 소망이란 결국 좋은 아침을 기다리는 것에서 시작되는 거 아니겠어?

세계적인 베스트셀러 『잠 못 이루는 밤을 위하여』의 저자, 칼 힐티도 "침상에 누울 때, 내일 아침 일어나는 것을 즐거움으로 여기는 사람은 행복하다."고 하잖아. 아침에 네 눈으로 새로 떠오르는 태양을 또 바라볼 수 있다는 게 얼마나 큰 행복이겠니? 어제 죽은 사람이 그토록 갈망했던, 새 아침 아니겠어? 새 아침에 떠오르는 태양을 보고도 웃음이 나오지 않는다면, 그게 바로 가짜 인간 아니겠어? 웃음 중에는 아침에 눈을 뜨자마자, 맑은 햇살에 무심코 던지는 웃음이 최고야. 매일 아침엔 그런 웃음을 만들어 봐! 그 웃음 덕분에 하루 종일 웃을 일이 생길 거니까.

영국의 낭만파 천재시인으로 잘 알려진 미남 바이런도 "웃을 수 있을 때, 언제든 웃어라! 이게 바로 공짜 보약이다."라고 했어. "일생을 헛되게 살 수 있는 간단한 방법은 아침에 늦게 일어나고, 낮에는 술을 마시며, 저녁에는 쓸데없는 이야기를 하고 있으면 된다."는 말을 우연한 기회에 읽게 되었는데 쉽게 와 닿는 말이면서도 가장 리얼한 표현이라고 생각하지 않아? 아침에 늦게 꿈지럭대면서, 겨우 일어나는 사람이 상쾌한 기분으로 일어나는 거 봤어? 또, 그런 사람이 웃으면서 아침을 맞이하는 거 봤어? 그런 사람이 잘되는 건? 당연히 거의 다 "해당 없음"이겠지. 그런 사람들은 아침을 짜증 내면서 맞이하잖아. 아침에 떠오르는 태양을 저승사자로 취급하면서 말이야. 저승사자도 그런 사람은 필요 없다고 할 거야.

세계적인 베스트셀러『아침형 인간으로 변신하라』의 저자, 다카이 노부오도 "아침 시간은 업무의 황금시간대다. 아침 업무의 효율은 오후보다 3배 이상 높다. 뇌가 가장 활발하게 움직이는 때도 아침이다. 아침은 가장 집중력이 높고, 가장 생산성이 뛰어난 시간대다. 따라서 아침에 가장 긴급하고 중요한 일을 처리해야 한다. 아침에 하루를 설계해야 한다. 절대로 아침을 놓쳐서는 안 된다."라고 말하잖아. 아침이 이토록 소중하기 때문에 멋지게 맞이하라고 한 거야. 매일 아침을 멋지게 맞이하면, 일생이 멋지게 채워져!

일생을 멋지게 살겠다고 거창하게 떠들어 댈 것 없어. 그냥 매일 오늘 아침만 멋지게 맞이하면 되는 거야. 그게 바로 네 인생을 위한 최상의 출발이니까! 매일 아침에 눈을 뜨자마자 이렇게 외쳐!

"새 아침이여!
날 위해 찬란하게 빛나라!"

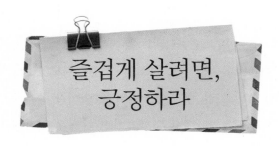

즐겁게 살려면,
긍정하라

제이!

즐겁게 살려면, 긍정해! 모든 일에는 안 될 이유가 있으면, 될 이유도 있는 법이야. 넌 될 이유만 알고 있으면 돼! "성공은 긍정적인 생각의 열매다."라고 하잖아. 긍정의 꽃이 피지 않는 나무에 성공의 열매가 열리지 않는 건 날아다니는 벌, 나비도 벌써 다 알아. 좋은 습관이 좋은 운명을 이끌어 오는 법이야. 긍정하는 습관보다 더 좋은 습관이 어디 있겠어? 혹시, 있으면 말해 줘!

"긍정적으로 생각하라! 왜냐하면, 당신의 생각이 당신의 말이 되기 때문이다. 긍정적으로 말하라! 왜냐하면, 당신의 말이 당신의 행동이 되기 때문이다."라고 한, 인도의 정신적 지도자로 불리는 마하트마 간디의 이 말을 잘 새겨들어 봐! 세상일이란 좋은 쪽으로 생각하면 좋게 끝나고, 나쁜 쪽으로 생각하면 나쁘게 끝나게 되어있어. 그래서 예부터 "마음먹기에 달렸다."고 한 거야. 이왕이면 좋은 쪽으로 생각해 봐! 그게 바로 긍정적으로 사는 것 아니겠어?

좋은 쪽으로 생각하면, 세상은 즐거운 무대일 뿐이야! 너도 즐거운 무대에서 놀고 싶지? 그럼 좋은 쪽으로 생각해! 노래도 밝고 긍정적인 노래만 불러 보는 거야! 그것이 바로 성공을 위한 행진곡이라고 하잖니? 어떤 이유로든 어둡고 슬픈 노래는 듣지도, 부르지도 마! 그 노래는 행운을 쫓아버리는 마귀와도 같으니까. 생각도 말도 노래도 오직 선택의 기준은 이것 아닐까?

"긍정적이냐? 아니냐?"

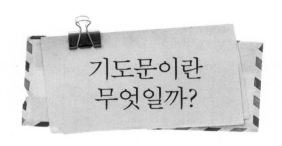

기도문이란
무엇일까?

제이!

기도문이란 무엇일까? 기도문이란 자신의 영혼에 힘을 불어 넣어 주는 영양제라고 생각하면 어떨까? 너도 공감하니? 그리고 네 기도 문을 좀 보여 줄 수 있겠니? 아직도 그런 거 없다고? 그럼 너만의 멋 진 기도문을 하나 만들면, 어떻겠니?

만들기 힘들다면, 내가 종종 애용하는 기도문을 하나 소개해 줄 까? 실은 나도 오래전에, 그 멋진 기도문을 읽고 감동했는데, 그 기 도문의 원래 주인은 더글러스 맥아더 장군이야. 감동받은 뒤로 그 기도문을 내 것으로 만들어 버렸지. 너도 마음에 든다면 애용해 봐! 〈맥아더 장군의 기도문〉을 조용히 눈을 감고 잘 들어 봐!

"제 자식이 이러한 사람이 되게 하여 주시옵소서! 약할 때는 자기를 잘 분별할 수 있는 강한 힘과, 두려울 때는 자신감을 잃지 않도록 용기를 가지고, 정직한 패배에 대해서는 부끄러워하기보다는 오히려 당당하며, 승리하였을 땐, 겸손하고 온유한 사람이 되게 하여 주시옵소서!

그를 요행과 안락의 길로 인도하지 마시고, 곤란과 고통의 길로 인도하셔서, 항거할 줄도 알게 하여 주시옵소서! 폭풍우 속에서도 스스로 일어설 줄 알며, 패배한 자를 불쌍히 여길 줄 아는 사람이 되게 하여 주시옵소서!

그의 마음을 항상 깨끗이 하고, 목표는 높게 하고, 남을 다스리기 전에, 자신을 먼저 다스릴 줄 아는 사람이 되게 하여 주시옵소서! 또, 미래를 지향할 줄 알면서도, 과거를 잊지 않는 사람이 되게 하여 주시옵소서!

그 다음에 유머를 알게 하시고, 인생을 진지하게 살아가면서도, 삶 자체를 즐길 줄 아는 마음을 갖도록 하여 주시옵소서! 자기 자신을 너무 지나치게 드러내지 않고, 겸손한 마음을 갖게 하여 주시옵소서.

그리고 참으로 위대함이란 소박한 데에서 나오고, 참된 지혜는 열린 마음에서 나오며, 참된 힘은 너그러움에서 나온다는 것을, 항상 명심하게 하여 주시옵소서!

그리하여 먼 훗날, 그의 아비인 저는, 인생을 한순간도 헛되이 살지 않았노라고 조용히 속삭일 수 있는, 그런 아비가 되게 하여 주시옵소서!"

이제 감았던 눈을 떠도 좋아. 맥아더 장군의 이 기도문 정말 멋지지? 이 기도문으로 먼 훗날 인생을 헛되이 보내지 않았노라고 조용히 속삭일 수 있는 네가 된다면 얼마나 좋겠니? 너도 이 기도문을 좋아하는 사람을 만나면, 그냥 나눠 줘! 너와 함께 있는 친구가 좋아할 것 같다고? 그럼 그 친구에게도 줘! 뭐? 그 친구가 바로 강아지라고? 그럼 네 강아지에게도 줘! 그 녀석도 먼 훗날, 일생을 후회 없이 살았노라고 조용히 짖을 수 있어야 하지 않겠어?

네 책상 앞에 붙여 놓고, 시간 있을 때마다 중얼거려 봐! 중얼거리다 보면, 너도 노장 선글라스의 사나이, 바로 더글러스 맥아더 장군처럼 멋진 사람이 되어 있을 거야. 이 세상에 공짜란 없다고 하잖아. 하지만, 이 기도문만은 진짜 공짜야.

이 기도문을 중얼거려 봐!
후회 없이 살았다고, 말할 수 있을 테니까!

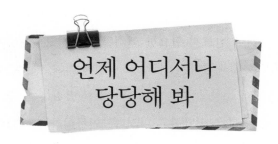

언제 어디서나
당당해 봐

제이!

언제 어디서나 당당해 봐! 배짱이 있어야 행운도 찾아드는 거야. 배짱이 없으면, 그저 남이 먹다 버린 쓰레기나 주워 먹을 뿐이야. 배짱이 가장 두둑한 사람을 대라면 아마도 시골에서 농사를 짓다가 하루아침에 지금의 국무총리에 해당하는 국상이 되어버린 을파소가 아니겠어? 고구려 때 12년 동안이나 국상으로 고국천왕과 산상왕을 보좌했던 을파소 말이야.

『삼국유사』는 을파소의 발탁과정을 상세하게 기록했어. 고국천왕이 하루는 "나라에 반드시 필요한 인재를 책임지고 추천하라!" 하고 신하들에게 명령을 내렸다는 거야. 그 명령에 따라, 신하들이 인재를 찾던 중 시골에서 농사를 짓고 있던 을파소를 발견하고, 왕에게 추천했던 거지. 왕은 그를 면담하고 나서 큰 인물이라 판단했다고 하잖아. 하지만 아무리 큰 인물로 생각했다고 하더라도, 왕의 입장에서는 관직 경험이 전혀 없는 을파소를 국상으로 발탁한다는 것이 얼마나 고민스러웠겠어? 그래서 장관급에 해당하는 중외대부로 임명하려 하자, 을파소는 정중히 거절하며 "이왕에 맡기려면, 더 높은 관직을 맡겨 주시오!" 하고 배짱 있게 말했다고 기록되어 있잖아. 왕은 그의 원대한 포부를 높이 사서, 국상으로 임명했다고 하잖니? 그때부터 을파소는 진가를 보이면서, 나라가 태평성대 하도록 왕을 섬겼다는 것 아니겠어.

소신 있고 두둑한 배짱이 그를 명재상으로 만든 것 아닐까? 배짱 있게 나아가야 할 땐, 주저하지 마! 누구의 눈치도 볼 필요 없어. 남들이 이러쿵저러쿵 떠들어대는 건, 참고할 사항도 아니야.

네 배짱대로 나가!
그게 바로, 살길이란 걸 잊지 마!

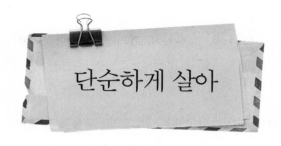

단순하게 살아

제이!

단순하게 살아! 세상이 왜 그렇게 복잡하냐고? 원래 세상은 아주 단순했잖아? 그런데 언젠가부터 잘난 녀석들이 별의별 절차와 형식을 다 만들어 놓다 보니 이 꼴이 돼 버린 거야.

복잡한 세상에서 힘들게 사는 것도 얼마나 억울한 일이야? 그런데 굳이 지키고 싶지도 않은, 지극히 형식적인 절차와 형식에 묶여서, 괴로워하며 살 필요가 어디 있겠어? 너도 즐겁고 나도 좋을 뿐이라면, 그따위 격식이 없어도 아무 상관이 없잖니? 아무 필요도 없는 절차와 형식이 없는 것, 그것이 바로 가장 멋진 형식이요, 규칙 아니겠어?

세상은 원래 자연스럽고 단순한 거야. 그렇게 살아가면 되는 것 아니겠니? 또 그것이 바로 새로운 삶의 방식을 다시 창조하는 것이 될 수도 있지 않겠니? 그리고 그 덕분에 너도 새로운 창시자로 태어날 수 있잖아. 이게 바로 꿩 먹고 알 먹는 것 아니겠어? 세상이 어떻게 바뀌어 가든, 신경 쓸 것 없잖아. 너 혼자만이라도 삶을 단순하게 살면 되는 거지.

스스로 삶을 복잡하게 사는 녀석들이 죄 없는 세상만 탓하는 것 아니겠어? 아무짝에도 필요 없는 절차와 형식에 묶여 사는 녀석들이 입만 열면, "시간이 없어 죽겠다."고 떠들어 대잖아. 실은 그런 녀석들이 가장 한가한 녀석들이야. 진짜 시간이 없어서 죽을 정도로 바쁜 사람은 필요 없는 절차와 형식 따위는 보이지도 않아. 또, "시간이 없어 죽겠다."고 말할 시간조차도 없어.

세상이 너무 힘들고, 복잡하다고 생각하니? 그렇다면, 네 귀 좀 대 봐!

"그냥 눈 딱 감고, 단순하고 간결하게 살아!"

세상은 널 보고 숨 쉴 순간조차도 없이 복잡하게 살라고 말한 적이 없으니까. 너 스스로 복잡하게 살았을 뿐이야. 이제 거추장스런 절차와 형식에서 스스로 탈출해 봐! 필요 없는 절차와 형식을 만든 자보다 필요 없는 형식이란 걸 알면서도, 그걸 깨지 못하는 자가 훨씬 더 어리석은 자야. 왜냐하면, 지금은 필요 없는 절차와 형식일지라도, 그 절차와 형식이 만들어진 시절엔 가장 필요한 것이었는지도 모르니깐. 인간이란, 새로운 절차와 형식을 만들어 내는 데는 부지런하지만, 쓸모없는 절차와 형식을 깨는 데는 게으른 존재야.

깨어 있는 자여!
필요 없는 건 절차든, 형식이든 모조리 깨라!
그럼 넌 여유롭고 행복해질 거야.
오직 너부터 깨라!

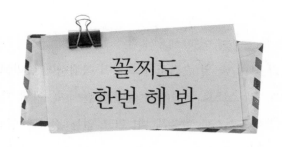

꼴찌도
한번 해 봐

제이!

꼴찌도 한번 해 봐! 1등 하는 게 그렇게도 좋으니? 너무 좋아하지 마! 때론 2등, 3등, 꼴찌가 더 좋은 경우도 있지. 왜냐고? 2등, 3등, 꼴찌는 1등을 향해서 올라갈 수 있을 거라는 희망을 가질 수 있잖아. 또, 조금씩 앞으로 나가는 기쁨은 뒤에서 따라가는 사람만이 누릴 수 있는 특권이잖아. 하지만 1등은 2등, 3등, 꼴찌로 떨어질까, 항상 두려움과 걱정을 안고 살아가게 되지.

궁금하면, 일단 한번 꼴찌부터 해 보는 것 어떨까? 벌써부터 무섭

게 인상 쓰는 엄마의 얼굴 때문에, 꼴찌 한번 해 보는 것조차도 그렇게 두렵니? 그럼 넌 엄마에게 조용히 이렇게 물어봐. "엄만 몇 등이나 했어?"라고. 분명히 엄만 오래되어서 기억이 나지 않는다고 할 거야.

아니면, 그럴듯하게 변명을 대든지. 그럴 땐, 이렇게 한 번 더 물어봐.

"엄마! 지금은 몇 등짜리 엄마야?"하고.

"괜찮습니다. 달리다 보면, 넘어질 수도 있는 법이지요. 다시 일어나 달리면 되는 거지요. 일등에만 의미가 있는 것은 아닙니다. 완주에도 의미가 있습니다. 포기만 하지 않으면 됩니다. 도전은 언제나 거룩합니다." 이 말은 "지금 살아 있다는 사실만으로도, 그대는 절대 강자다."라고 말하는 소설가 이외수 님이 들려주는 이야기야. 절대 강자, 이외수 님도 일등에만 꼭 의미가 있는 것이 아니라고 하잖아. 넌 이 말을 살아가면서 되새겨 봐! 그리고 엄마에게도 읽어 줘봐! 그래도 꼭 일등만 하라고 하면, 엄마부터 시범을 보여 보라고 하면, 어떻겠니?

일등보다 더 중요한 건, 포기하지 않는 거야.

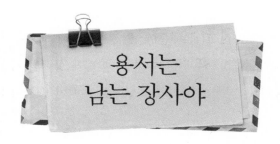

용서는
남는 장사야

제이!

용서는 남는 장사야! 용서하면 분노로 가득 채워져 있던, 그 자리가 평화로 가득 채워지기 때문이지. 일단 한번 "완전 새" 되는 셈 치고, 용서할 수 없는 녀석을 무조건 용서해 주면 어떨까? 용서를 선언하는 순간, 너는 결코 "완전 새"가 되는 것이 아니라, 또 다른 승리자로 다시 탄생할 테니까.

용서해 주지 않은 후회는 있어도, 용서해 준 후회는 세상 어디에도 없는 거잖니? 곰곰이 생각해 보면, 용서해 주었을 때의 그 뿌듯한 기분이 지금도 느껴지지? "용서하는 마음으로 살겠다."고 결심만 한다면 사는 것은 식은 죽 먹기보다 쉽고, 코미디 영화보다도 더 재미가 있지 않겠어?

미국의 신학자 라인홀드 니버, 그는 "용서란, 사랑의 최종적인 형태다."라고 열을 올리고 있잖아. 인간의 능력 중에 용서하는 능력이 최상급이란 걸 잊지 마! 또 용서도 서로 주거니 받거니 해야 되는 거 아니겠어? "용서도 품앗이다!" 이 말은 살다 보면 정말 실감 날 거야. "용서 없는 사랑 없고, 사랑 없는 용서 없다."는 어느 시인의 이 한마디, 참으로 멋지지 않아? 그런 용서와 사랑이라면, 한 번쯤은 해 볼 만한 것 아닐까? 이왕이면 거짓 없이! 찐하게! 용서는 용기 있는 자만이 할 수 있는 거야.

너도 용기 있는 사람이 되고 싶지?
그럼, 눈 딱 감고, 용서해 줘!

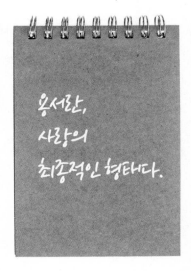

용서란,
사랑의
최종적인 형태다.

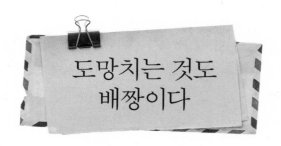

도망치는 것도
배짱이다

제이!

도망치는 것도 배짱이야. 그게 무슨 말이냐고? 싸워 본 경험이 있지? 질 것 같으면, 무조건 도망쳐! 지는 싸움에서는 뒤도 돌아보지 않고 도망치는 게 상책이야. 질 것이 뻔할 뻔 자인데도, 무작정 덤벼드는 것은 꼴값 떠는 짓 아니겠니? 지는 싸움에서 도망가는 것은 치욕이 아니야. 그건 바로 가장 훌륭한 전략 중의 전략이란 걸 잊지 마!

아리오 단테도 "너의 길을 가라! 남들이 무엇이라 떠들어 대든지 내버려 두라!"고 하잖니? 이 말 잘 새겨들어 봐! 현재의 네 처지를 알았으면, 남들이 뭐라고 떠들어 대든, 그건 별로 중요치 않으니 네 의

지대로 나아가라는 말이 아니겠어?

　지는 싸움에선 무조건 도망가라고 말하면, 비굴한 놈이라고 너는 나를 비웃겠지? 하지만 알고 보면, 도망가는 것도 배짱이 있는 사람의 몫이야. 배짱이 없는 녀석은 여기저기 눈치만 보느라고 도망도 못 쳐! 뭐, 자존심이 밥 먹여 주나? 꼬리를 내려야 할 땐, 팍 내려버리는 거야. 그땐 누구의 눈치도 볼 필요가 없잖아. 원래 멍청이들이 실속도 없이 배짱만 부리는 거야. 지금의 제 분수도 모르고 말이야. 일단은 살고 나서 다음 기회도 생각해 볼 일이야. 죽으면 끝장이잖아.

　살고 나서, 이길 기회가 꼭 올 거라 믿고 힘을 키우면, 그 기회는 반드시 오지 않겠니? 그때 가서 싸워도, 절대로 늦지 않을 테니까. 이렇게 훌륭한 전략을 언제 어디서 배웠느냐고? 어릴 때, 동네 똥개들의 싸움에서 배웠다면, 조금 실망스러울까? 이 도망치는 전략의 원조는 아마도 똥개들의 조상이 아닐까? 병법서 "삼십육계", 똥개들의 조상 저서라고 쓰면 어떨까? 입은 비뚤어졌어도, 말은 바로 하랬잖아!

　"배울 점이 있으면, 똥개도 스승이야!"
　알겠어?

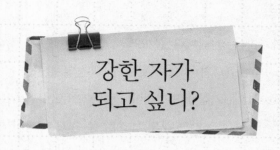

강한 자가
되고 싶니?

제이!

강한 자가 되고 싶니? 물론 그렇겠지. 그럼 누가 강한 자니? "강한 자가 살아남는다." 너도 그렇게 알고 있니? 그 말은 어딘가 모순이 섞인 것 같지 않니? 그럼 "살아남은 자가 강한 자다." 이 말과 비교해 봐! 이 말이 좀 더 세련되고, 안정적이잖니? 강한 자라도 살아남지 못할 경우가 있지만, 살아남은 자는 누구나 강한 자라고 말할 수 있잖아. 네가 진정 강한 자라는 말을 듣고 싶다면, 어떤 극한 상황에서라도 일단 살아남고 나서 실컷 떠들어 봐! 그때 가서 떠들어 대도 늦지 않을 테니까.

그럼 큰소리치는 사람이 강할까? 무턱대고 큰소리부터 치는 사람은 다 개구리 뻗듯, 보기 좋게 쪽쪽 뻗게 되어 있어! 큰소리치는 사람보다, 듣는 사람이 훨씬 강한 법이야. 왜냐고? 큰소리치는 사람은 얼마 안 가서 찍소리 못 하고, 납작코 되는 걸 수도 없이 봐왔잖아? 속 빈 녀석이 큰소리 쳐봤자, 지나가는 똥개도 오줌 한번 찍 갈겨주고 비웃을 뿐이야.

넌 함부로 큰소리치지 마!
하룻강아지 범 무서운 줄도 모르고 까불어 봤자.
개미도 방귀 뀌며 비웃을 뿐이야!

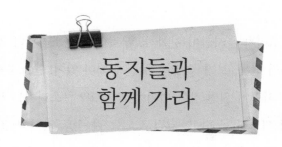

동지들과
함께 가라

제이!

동지들과 함께 가! 까치 세 마리와 독수리 한 마리가 싸운다면, 누가 이길까? 독수리가 이긴다고? 천만에, 까치들이 이겨. 까치들은 세 마리가 세 방향에서 동시에 독수리를 공격하면 이길 수 있다는 자신감을 가지고 덤벼들지 않겠어? 그 싸움은 역시 까치들의 생각대로 까치들의 승리로 끝나. 까치들이 어디서 그런 자신감을 얻었을까 생각해 봤더니, 동네에 있는 어느 조그만 교회에서 성경 〈전도서 4장 12절〉에 나오는, "한 사람이면 패하고, 두 사람이면 능히 당해 내고, 세 사람이면 누구도 우릴 뚫지 못한다."는 목사님의 설교 말씀을 우연히 듣고 힌트를 얻었어. 이런 까치들을 우습게 보았으니, 그 독수리 녀석, 꼴좋게 완전 "새" 된 거지 뭐. 독수리 망신 다 시킨 꼴이잖아?

충무공 이순신도 "뭉치면 살고, 흩어지면 죽는다."고 했는데, 달 밝은 밤에 긴 칼 차고 수루에 홀로 앉아 성경 공부 했나? 당연한 이치인 거야. 흩어져 싸우면, 패하는 길로 갈 뿐이지만, 뭉쳐 싸우면, 이기는 길이 보이겠지? 이것이 곧 위기를 극복하는 길 아니겠어?

위기 때 함께할 동지들에게 평소에 잘해!
그러면 이 세상 어느 누구도 두렵지 않겠지?

쉬어라

제이!

쉬어! 쉬어야 할 때를 놓치지 말고 쉬어! 잘 쉬는 사람이 일도 잘할 수 있다? 그건 당연하지. "쉬는 것도 능력이다." 그 정도의 표현으론 곤란하지 않겠어? "잘 쉬는 능력이 최상급 능력이다."라고 하면 몰라도 말이야. 멋지게 쉴 수 있는 능력을 가진 사람이 일도 멋지게 할 수 있기 때문이지.

노래 한 구절도 쉼표가 없으면, 부를 수 없잖아! 믿어지지 않는다면 숨 쉬지 말고 한번 불러 봐! 노래는커녕, 몇 초 지나지 않아서 끝장날 테니까. 힘이 들 때나 쉬고 싶을 땐, 누구의 눈치도 볼 것 없어! 그냥 네 방식대로 쉬는 거야. 그게 최고 아니겠어? 만약 휴식이 불가능하다면, 어떤 성공도 불가능해! 성공을 위한 아이디어의 싹은 휴식 중에만 트는 법이니까. 성공하고 싶다면, 쉬는 것부터 성공해 봐!

충전하지 않고 달릴 수 있는 차 봤어? 있으면, 나와 보라고 해! 제아무리 명차라도 충전을 해야 할 때 충전하지 않으면 고물상으로 끌려가는 폐차가 되는 거야. 그건 더 이상 "명차"가 아니라, "폐차"일 뿐이야! 먼지 뒤집어쓴 폐차가 되고 싶어? 시원하게 질주하는 명차가 되고 싶어? 선택은 자유야!

만약, 명차처럼 시원하게 질주하고 싶다면, 우선 에너지를 충전해! 양보할 게 따로 있지, 쉬는 것을 양보할 수 있겠어? 쉬는 것은 애인과도 바꿀 수 없는 보약이다! 쉬는 것은 곧 삶의 에너지니까!

쉬지 않으면, 너도 폐차장으로 끌려가!
왜냐고? 힘들어 죽어버릴 테니까!

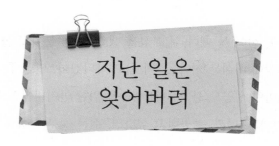

지난 일은
잊어버려

제이!

지난 일은 잊어버려! 잘 잊는 게 잘 사는 거야. 돌이킬 수 없는 일에 집착하지 마! 실속 없는 집착은 또 다른 집착만 낳을 뿐이야. 실수도 고치려고 자꾸 만지다 보면, 더 커지는 법이야! 때론 그냥 내버려두는 게 상책일 수도 있지. 삶에서 최고의 해결사는 시간이란 걸 생각해 봐! "이것도 시간이 해결해 주겠지" 하고 말이야. 억울한 일도 알고 보면, 다 내 탓 아니겠어?

흙탕물 튀기고 달아난 승용차를 원망하면서 서 있어 봤자, 뒤따라오던 버스에 더 큰 흙탕물 세례만 한 차례 더 받고 정신 차리게 되잖아? 그제야 그곳에 서 있었던 걸 후회한들 무슨 소용이 있겠어? 그런 꼴을 꼭 다시 당해 봐야 정신 차리겠어? 차라리 한 번 당한 걸 다행으로 여기고, 그냥 넘어가!

앤드류 카네기가 한 말 읽어 줄게, 조용히 눈을 감고 잘 들어 봐! "근심을 잊지 못하는 습성에서 벗어나라! 또 어떠한 손실을 회복하려고 애쓰지 말라. 도박꾼이 잃은 돈을 찾으려다가 더 크게 손실을 보듯이, 점점 더 회복하기 어려운 구덩이에 빠지게 된다. 하나의 손실을 하나로서 끝내게 하는 것이 가장 현명한 일이다. 만일 너의 가슴에서 어떤 근심이나 분함이나 원한이나 애석한 마음이 떠나지 않는다면, 그때는 고요히 가슴에 손을 얹고 스스로 물어봐라! 과연 그 일이 얼마나 되는 가치를 가진 일인가? 오래 마음속에 썩힐 만한 가치 있는 일인가? 또 근심하고 원망함으로써 좋은 상태로 회복될 것인가? 너는 삶을 평화롭고 유익하게 전개하고 싶지는 않은가? 그렇다면, 그 근심과 분하다는 감정에서 빨리 벗어나라! 왜냐하면, 너의 귀중한 오늘과 내일을 그것으로 인해서 더럽히지 말아야 하기 때문이다." 너무도 멋진 말 아냐? 이 말을 적어둔 메모지를 항상 가까이에 두고 읽어 보지 않겠어?

살다 보면, 억울하다고 생각하면 억울할 뿐이고, 별것 아니라고 생각하면 별것 아닐 뿐이야. 이왕이면 좋게 생각하는 버릇을 가져! 그게 좋지 않겠어? 억울한 일도, 근심도 생긴 것이 문제라기보다는 잊지 못하는 버릇이 더 큰 문제야. 그런 버릇은 똥개나 줘! 뭐? 똥개도 그런 버릇은 갖고 싶어 하지 않는다고? 그렇지, 똥개가 얼마나 영리한데, 그런 버릇을 갖겠어. 평생 근심 걱정 없이 살겠다고 작정한 똥개는 그런 버릇은 당연히 필요 없다고 하겠지.

똥개조차도 필요 없다고 하는 그런 버릇을 넌 어디에 쓰려고 평생 가지고 있어? 그냥 아무 데나 빨리 버려 버려! 잊어야 할 땐, 깨끗이 잊어버리는 게 상책이야! 다 팔자대로 사는 거야. 너는 네 팔자대로! 똥개도 제 팔자대로 살잖니?

지난 일을 끌어안고 있어 봤자, 다 소용없어!
네 눈물만 아까울 뿐이야.

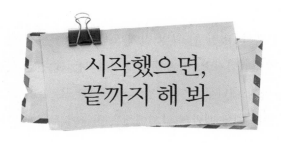

시작했으면,
끝까지 해 봐

제이!

시작했으면, 끝까지 해 봐! "내 생에 포기란 없다!"라고 외쳐 봐!
명조 말, 역사학자인 담천은 명조의 역사서인 『국각』을 20년간 혼신
의 힘을 다해서 썼어. 그는 『국각』이 완성되자, "드디어 내가 해냈어!
명나라의 역사를 후세에 전할 수 있게 된 거야!"라며, 책을 끌어안고
감격의 눈물을 흘리지 않았겠어? 오랜 세월 흘린 땀이 큰 결실로 이
루어지자, 지난 세월 동안 겪었던 수많은 고초가 한꺼번에 떠오르며
감회에 젖지 않았겠어?

그런데 맙소사! 며칠 뒤 그의 집에 도둑놈이 들어왔다는 거야. 담천이 워낙 가난했던지라, 가져갈 물건이라고는 쓸 만한 못대가리 하나도 없자, 마침 대나무 상자에 담아 둔『국각』을 보고, 그걸 가져가 버렸다는 거야. 60세 백발의 담천에게는 하늘이 무너져 내리는 기분 아니었겠어? 20년의 고생이 한순간에 물거품이 돼 버린 꼴이잖아.

하지만 담천은 "그래, 여기서 포기할 수는 없어! 그동안의 노력이 수포로 돌아가게 할 수는 없잖아! 다시 시작하는 거야! 나에게는 역사를 전해야 할 사명이 있으니까!"라고 외친 후, 다시 도전했다는 거야. 담천은 그 이후 10년이라는 세월 동안 다시 혼신의 힘을 다해서, 도둑이 훔쳐간 것보다 훨씬 더 실감 나는『국각』을 완성해냈다고 하잖아.

새로 완성한『국각』은 총 104권에 500만 자가 넘는 어마어마한 걸작이잖니? 그 내용도 도둑놈이 훔쳐간 것보다 사실적이며 생동감이 넘친다고 하잖아. 만약 담천이 그 도난당한 일로 좌절해, 모든 걸 포기했더라면, 최고의 역사서『국각』은 영원히 태어나지 못했겠지. 포기란 말은 배추 포기 셀 때나 쓰는 말이란 걸, 이제 와서 겨우 알았나이다.

담천 대인! 술 한 잔 받으시오!
너도 담천 대인께 술 한 잔 따르고,
한 수 배워야 하지 않겠어?

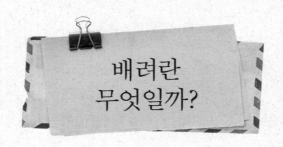

배려란 무엇일까?

제이!

배려란 무엇일까? 짝 배配, 염려할 려慮 자가 합쳐진 것이 배려잖아. 내 짝꿍, 바로 부모형제, 친구, 동료, 이웃을 따뜻한 마음으로 염려해 주는 거 아니겠어? "남을 위한 배려" 한 번쯤 생각해 봤지? 한번 더 생각해 보면, 남을 위한 배려는 곧 나를 위한 거야.

어느 외딴 마을에 앞을 보지 못하는 장님 할머니가 깜깜한 밤에 머리에 물동이를 이고, 손에는 촛불을 든 채, 더듬더듬 걸어가고 있었다는 거야. 그 모습을 한참 바라보던, 어느 노인이 장님 할머니에게 다가가서 "당신은 앞을 보지 못하는 장님인데, 촛불을 들고 간들 무슨 소용이 있다고 촛불을 들고 길을 걷는 겁니까?"하고 여쭙자, 장님 할머니는 나지막한 목소리로 "내가 촛불을 들고 걷는 것은 내가 앞을 보기 위한 것이 아니라, 당신이 나를 발견하고 부딪히지 않도록 하기 위해서 들고 있는 겁니다."라고 말하더란 거야. "남을 위한 배려는 곧 나를 위한 것이다." 이 말 맞잖니?

"얼마나 많이 아는가보다, 얼마나 남을 배려하는가가 더 중요하다."고 누군가가 말했잖아. 배려가 없으면, 아는 것도 없는 거야. "강렬한 사랑은 판단하지 않는다. 오직 주기만 할 뿐이다. 당신을 만나는 모든 사람이 당신과 헤어질 때는 더 나아지고, 더 행복해질 수 있도록 하라."고 한, 마더 테레사의 말도 잘 새겨들어 봐! 그럼 배려란 무엇인지 알 수 있을 거야. 난 "배려는 사랑의 극치다!"라고 말하고 싶다. 넌 배려란 뭐라고 말하고 싶어? 한번 읊어 봐! 귀 기울여 들어줄게!

"배려는 곧 사랑"이라고?
오! 그 말도 정말 멋져!

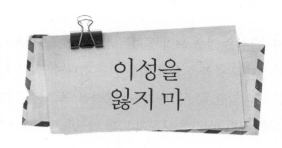

제이!

　이성을 잃지 마! 슬플수록, 화날수록 이성을 잃지 말아야 하는 거야. "언짢은 문제가 일어났을 때도 결코 흥분하지 말라. 분별없이 충동적인 행동을 하지 말라. 언제나 충동적인 생각은 좋지 않다." 이 말은 철강왕이자 기부왕인 앤드류 카네기가 한 말이야. 만약 카네기가 어떠한 일에 문제가 있을 때마다 이성을 잃고 흥분해서 날뛰듯 했다면, 이 세상에 카네기 할아버지는 있었어도 결코 철강왕이자 기부왕인 앤드류 카네기는 존재하지 않았겠지?

이성을 잃고 흥분하면, 웃기는 뉴스만 만들 뿐이야. 개가 사람의 엉덩이를 물어뜯으면 있을 수 있는 일이겠지만, 사람이 흥분해서 개의 엉덩이를 물어뜯으면 어떻게 되겠어? 이건 완전 웃기는 뉴스 아니겠어? 개와 사람이 임무 교대한 것이잖아. 사람이 이성을 잃으면, 이렇게 개와 임무 교대하는 꼴이 된다는 것 아니겠어? 살다 보면, 이성을 잃은 것이 아니라, 처음부터 아예 이성 같은 건 없는 것처럼 보이는 사람들도 있잖아? 그런 사람들은 할 일이 없어서 그래. 그저 여기저기에 대고 신경질만 부려대잖아. 얼마나 할 일이 없으면, 화풀이로 죄 없는 개의 엉덩이까지 물어뜯고 난리를 피우겠니?

"바쁜 꿀벌은 슬퍼할 겨를조차도 없다!"고 하잖아. 바쁜 사람은 슬퍼할 겨를도, 이성을 잃을 겨를도 없어! 이성을 잃으면, 미친 사람이 되는 거야! 미친 사람이 뭐 따로 있어? 네가 미친 사람이 될 수는 없는 노릇이잖아? 그래서 "이성을 잃지 마!"라고 한 거야! 미치기는 너무 쉬워! 이성만 살짝 잃고 흥분하면 돼! 하지만 정상으로 돌아오기는 힘들어. 한 번 미치면, 끝나는 거니까.

이제 정신이 번쩍 나냐?
다 잃어도, 이성만은 잃지 마!

시간이란?

제이!

　시간이란? 시간을 뭐에 비유하면 좋을까? "시간은 돈이다!" 이 말은 어딘가 좀 부족한 것 같지 않니? 잘 모르겠다고? 그럼 칼 샌드버그가 한 "시간은 곧 인생의 동전이다!" 이 말은? 왠지 조금 더 근사해 보이지? "칼 샌드버그에 대해 짧게 적으려고 하는 것은, 마치 흑백사진 한 장으로 그랜드 캐니언을 모두 담으려고 하는 것과 같다."라고 누군가 말했던 것처럼, 그는 시인이자 역사가, 소설가, 음악가, 수필가로서 수많은 일을 한 인물이야. 그의 걸작 『에이브러햄 링컨』 전기는 그의 작품이란 걸 세상 사람들이 이미 다 알고 있잖아.

그런 세계적인 명성에도 불구하고, 그는 우쭐해하기는커녕, 자신의 삶 속에서 원하는 것은 "감옥에 가지 않고, 제때에 밥을 먹으며, 쓴 것을 출간하고, 가정과 미국 전역에서 자그마한 애정을 받으며, 날마다 노래 부르며 살고 싶다."라고 소박하게 말했어. 바로 그 칼 샌드버그는 "시간은 인생의 동전이다. 시간은 네가 가진 유일한 동전이고, 그 동전을 어디에 쓸지는 너만이 결정할 수 있다. 너 대신 다른 사람이 그 동전을 써버리지 않도록 주의하라."고 말했잖니? 그 칼 샌드버그가 그런 엄청난 일을 해낼 수 있었던 것은, 누가 뭐래도 시간

을 낭비하지 않고 잘 사용했기 때문이라고 말할 수 있지 않겠어?

지구물리학의 세계적인 권위자이며 〈뉴턴〉지의 편집장이었던 일본 동경대 다케우치 히토시 교수도 "사람의 일생은 돈과 시간을 쓰는 방법에 의해 결정된다. 이 두 가지 사용을 잘못해서는 결코 성공할 수 없다."고 하잖니? 한정된 돈과 시간을 마구 허비하지 말고, 현명하게 사용하라는 말이잖아. 옛날부터 "시간을 지배할 줄 아는 사람만이 인생을 지배할 수 있다."고 했어. 시간의 노예가 될 수는 없잖아.

시간의 노예가 되기 싫다면, 방법은 오직 네가 먼저 시간을 확실하게 지배해 버리는 것뿐이야. 시간을 함부로 쓰면, 인생을 함부로 사는 것이 되고, 시간을 잘 쓰면, 인생을 잘 사는 것이 되지 않겠니? 인생의 동전인 시간을 네 인생에 유익한 쪽으로 써야 되는 거야. 너에게 주어진 인생의 동전이 다 떨어지면, 네 인생은 끝나는 거니까.

"시간은 곧 인생의 동전이다!"
이 말 음미할수록 맛이 꽤 괜찮을 거야.

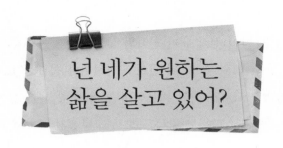

넌 네가 원하는
삶을 살고 있어?

제이!

넌 네가 원하는 삶을 살고 있어? 잘 모르겠다고? 그럼 네가 지금 살아가는 방향이 옳다고 생각하니? 그것도 잘 모르겠다고? 네가 현재 원하는 삶을 살고 있는지, 아닌지 헷갈린다면, 잠시 쉬면서, 네 자신을 한번 돌아봐! 로랑 구넬이 쓴 『가고 싶은 길을 가라』를 조용히 읽어 보면서 말이야. 나도 책 속에서 내가 가고 싶은 길이 따로 있다는 사실에 감사했을 뿐이야.

너나 나나 할 것 없이 앞만 보고 달려가다 보면, 문득 지금 내가 살아가고 있는 삶이 정작 내가 원하던 삶이었는지 아닌지 헷갈릴 때가 많이 있잖아. 그럴 때면, 더 깊이 고민하거나 성찰하기보다는 "산다는 게 뭐 별거더냐?" 하고 반문하며 넘겨 버렸잖아. 살아온 삶이 만족스럽지 못해도, 다른 사람들도 모두 그렇겠지 하고는 체념을 해 왔잖니?

이 책의 주인공인 교사 줄리앙은 여름휴가를 떠난 발리에서 현명한 사람을 만나. 그 현명한 사람의 도움으로, 자신의 내면세계를 찾아가는 과정에서 자신의 영혼에 잠재되어 있던 꿈과 욕망을 새로이 발견해. 교사 줄리앙은 자신의 삶에 대하여 만족하지 못하는데도 주위 다른 사람들은 그의 삶 정도면 꽤 괜찮다고 말하지.

그러던 중, 휴가를 즐기던 발리에서 만난 그 현명한 사람으로부터 "당신은 불행한 사람입니다."라는 말을 듣게 돼. 그 순간 자신의 내면에 숨어 있던 줄리앙의 꿈과 욕망이 되살아나고, 현자와의 대화를 나누면서, 자신의 삶에 대해 진지하게 돌아보는 시간을 갖게 되지.

그 현자는 줄리앙에게 "어떻게 살아라!"고 말하지도 않고, "지금의 삶에 만족하며 살라!"고도 말하지 않아. 그런데도 줄리앙에게 자신이

꿈꿔왔던 것이 무엇이었는지, 또 진정으로 원하는 것이 무엇이었는지, 자신의 내면에서 들려오는 영혼의 소리를 들을 수 있도록 해.

난 휴가 때 오래전부터 잘 알고 지내는 스님이 주지 스님으로 계시는 서광사라는 절에서 쉬고 왔어. 소나무가 울창한 산자락에 있는 멋진 사찰인데, 그곳에 가면 내 안에 또 다른 진짜 내가 있다는 걸 깨우치게 되는 거야. 그곳에 조용히 혼자 앉아 있으면, 어느새 또 다른 진짜 내가 나를 찾아와 나를 웃기기도 하고, 울리기도 해. 그곳에서 만나는 진짜 나는 가짜 나를 보면서 이렇게 물어보는 거야. "지금 행복하냐? 지금의 삶에 만족하냐? 지금 삶이 진정 원하던 삶이냐?"라고. 난 여전히 헷갈릴 뿐이었지.

나 역시 이 질문에 "아니야."라고 대답하면서도, 또 한편으론 어쩔 수 없는 일이라며 체념할 수밖에 없었지. 하지만 분명한 것 하나는 진짜의 나와 대화를 나누는 소중한 시간을 가졌다는 거야. 그리고 덤으로 내가 원했던 것이 무엇이었는지를 다시 찾아내고, 늦었지만 조금이라도 더 그 방향으로 인생의 핸들을 돌리겠다는 마음이 생기는 거야.

너무 고차원적으로 들리니? 그렇게 생각할 것 없어. 자신을 한 번 쯤 돌아보는 시간을 가져 보면, 알게 될 거야. 너도 잠시 그런 여행을 다녀와 봐! 여행 갈 때, 뭘 가지고 가느냐고? 읽고 싶은 책 한 권이면 충분해!

그럼, 그런 여행을 한번 다녀와 보겠어?

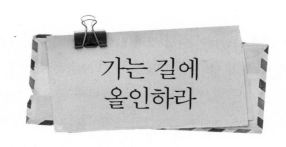

가는 길에
올인하라

제이!

가는 길에 올인하라! 지금 하는 일에 올인해 봐! 적당히 하면, 적
당히 성공하는 것이 아니라, 망할 뿐이야. "장사의 신", "선술집의 전
설"로 불리는 일본인 우노 다카시는 전 세계의 요식업계에서 그를 모
르는 사람이 없을 정도라니, 대단한 인물 아니겠어? 그는 공부 못하
는 사람도, 요리 못하는 사람도, 말주변이 없는 사람도 음식점 사장
을 할 수 있다고 하잖아. 그의 가게에서 길러낸 선술집 사장만도 200
명이 넘는다고 하는 거 들어봤지?

또, 그 병아리 사장들이 다시 길러내는 사장들까지 합치면, 그 수만으로도 몇백, 몇천 명이 넘지 않겠어? 그 모든 사람들이 그를 "아버지"라고 부른다는 거야. 그는 와세다 대학에 들어갔지만, 자신이 가야 할 길이 아님을 깨닫고 일찌감치 때려치운 후, 요식업계에 뛰어들어서 다섯 평짜리에서 시작된 가게가 지금은 수도권에만 무려 20개가 넘는다고 하잖니?

"일소일배一笑一盃" 하루에 한 잔 마시고, 한 번은 웃자는 인생의 좌우명을 가지고, 지금도 가게가 끝날 무렵이면 직원들과의 술자리를

즐기며, 가슴 깊이 감동을 주는 코치 역을 해 주면서, 자신의 일과 인생을 즐기고 있다고 하잖아. 이 얼마나 멋진 인생이니? 그의 저서 『장사의 신』이라는 책을 한번 읽어 봐! 가슴 찡하게 하는 이야기가 많아.

그중에 몇 가지만 맛보기로 말해 줄게. 일단 맛만 봐! "유행을 좇지 말고, 스스로 즐길 수 있는 가게를 만들어라!", "즐기는 마음을 부릴 여유는 남기고 투자해라!", "불경기가 바로 개업 찬스다.", "아이디어는 바로 실행할 수 없으면, 의미가 없다.", "자신 외에는 모두 손님이다!", "인적이 드문 곳에 가게를 열어라!" 네가 생각하는 것과는 많이 다르지 않니? 심지어 "불경기가 바로 개업 찬스다." 또 "인적이 드문 곳에 가게를 열어라!"라고까지 말하잖니? 내가 생각한 것과는 완전히 달라!

바로 그거야! 뭔가 다르기 때문에 성공하는 거야. 또 내 마음을 송두리째 흔들어 놓은 대목은 따로 있어. 그건 바로 이거야. "이웃에서 물건을 사는 것이 성공을 향한 첫걸음이다." 곰곰이 음미해 봐! 이웃 없이 살 수 있는 사람은 없겠지? 이 세상에서 혼자선 못 사는 거야. 그래서 예부터 "독불장군 없다."고 한 거지. 두고두고 되새기고 싶은 말일 거야. 가훈이나 사훈으로 삼아도 참 좋지 않겠니?

"장사의 신" 우노 다카시는 자신만의 강한 장사철학이 있고, 언제나 자신의 일에 올인하고 있어. 그러기 때문에 그는 성공할 수 있었고, 자신의 일에 즐거운 것 아니겠어? 역시, 우노 다카시는 신이야. 일단 그 신에게 배울 건 배우고 보자! 그는 "토마토를 자를 수 있다면, 밥집을 열 수 있고, 병뚜껑을 딸 수 있다면, 술집을 할 수 있다!"고 해. 너는 토마토도 자를 수 있고, 병뚜껑도 딸 수 있잖아. 그럼 넌 밥집 사장도 될 수 있고, 술집 사장도 될 수 있잖니? 밥집 사장이 되고 싶니? 아니면 술집 사장이 되고 싶니? 둘 다 아니면, 네가 하고 싶은 것을 하면 되겠지만.

뭘 하든, 『장사의 신』 우노 다카시의 가르침을 잘 따르라!
그럼 너도 우노 다카시 신처럼 성공하리라!

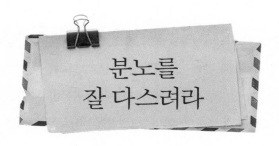

분노를
잘 다스려라

제이!

분노를 잘 다스려! 분노가 온몸을 휘감을 때는 누구나 제정신이 아니잖아. 그런 상태에서 어떤 일을 벌인다는 것은 매우 위험할 뿐이야. 나중에 정신 차리고 나면, 후회만 남는 거 아니겠어? 살면서 분하고 억울할 땐, 이 이야기를 떠올려 봐!

미국의 대통령인 링컨의 어느 한 친한 친구가 누군가로부터 심한 모욕을 받자, 그 친구는 매우 흥분한 상태로 그를 고소하겠다며, 링컨을 찾아왔다는 거야.

이때, 링컨은 친구에게 "그러지 말고, 지금 당장 그 나쁜 놈에게 편지로 실컷 욕을 해 주게. 그리고 다시는 그놈과는 상종도 하지 말게."라고 말해 주었다고 해. 그래서 그 친구는 곧바로 자신에게 모욕을 주었던 놈에게 통쾌하게 한바탕 욕설을 퍼부으면서 편지를 써서 링컨에게 전달하자, 그 편지를 건네받은 링컨은 읽어 보지도 않고 바로 그 자리에서 찢어버렸다고 해.

그리곤 이렇게 이야기를 했다는 거야. "나도 이런 편지를 수도 없이 많이 썼다네. 하지만 한 번도 보낸 적은 없었지. 분노의 감정을 편지로 풀어내는 것은 마음속에 남아 있는 앙금을 깨끗이 털어내면서, 누구에게도 해를 끼치지 않는 방법이지."

이게 바로 분노를 날려 보내는 멋진 방법 같지 않아? 나도 이 방법을 가끔 애용하고 있어. 너도 한번 생각해보고 맘에 들면, 애용해 봐! 돈도 별로 안 들어. 특별하게 준비할 것도 없어. 종이 한 장이면, 분노 끝이야! 분노는 가슴에 묻어두면, 병이 된다고 하잖아. 그 병이 들면, 완전 지구 밖으로 떠나는 거야. 정신 차려! 종이 한 장 아끼지 말고, 링컨 할아버지처럼 끝내 버려! 억울할 땐 링컨 할아버지처럼! 분할 때도 링컨 할아버지처럼!

편지 한 장으로 끝내 버려!

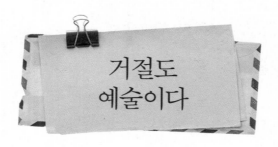

거절도
예술이다

제이!

거절도 예술이다. 일단 거절해야겠다고 결심이 섰으면, 거절해도 좋아! 하지만 촌스럽게 거절하지는 마! 거절도 멋지게 해야 하는 거야. 어떻게 거절해야 멋진 거냐고? 이걸 참고해 봐! 너도 이미 잘 알고 있겠지만 말이야.

발타자르 그라시안의 『세상을 보는 지혜』에는 이런 말이 담겨 있어. "모든 사람에게 모든 것을 다 허락해서는 안 된다. 거절하는 일도 허락하는 일만큼 중요하다. 한 사람이 '아니오'라고 말하는 것이,

여러 사람이 '네'라고 말하는 것보다, 더 가치가 있을 수 있다. 멋지게 보이는 거절이 무미건조한 허락보다 더 만족을 주기 때문이다.

하지만 언제나 입에 '아니오!'라는 말을 달고 다니는 사람들이 많다. 그것으로 그들은 다른 사람들의 모든 것을 망쳐 놓는다. 그들의 입에서 항상 거절의 말이 나오다 보면, 나중에는 모든 것을 허락해도 사람들은 그를 더 이상 인정하지 않으려고 한다. 이미 앞서 거절의 말로 모든 일을 망쳐 놓았기 때문이다.

그러니 매사에 곧바로 거절해서는 안 된다. 오히려 간청하는 사람이 점차 환상적인 생각에서 벗어나도록 천천히 유도하라! 그리고 무엇이든 완전히 거절하지는 마라! 이는 간청하는 사람의 기대고 싶어 하는 마음마저 단호하게 뿌리치는 것이 된다.

거절의 쓰라림을 조금이라도 덜어주기 위해 언제나 약간의 희망적인 여운을 남겨 두어야 한다. 또 간청을 들어줄 수 없을 때는, 정중함으로 그것을 대신하라! '네', '아니오!'를 말하기는 쉽다. 하지만 그전에 오랜 생각이 필요하다."

역시 400년 동안 인생의 지침서라고 불릴 만하지 않아? 허락하기
보다 거절하기가 더 어려운 거야. 지혜롭게 거절하는 것이, 바로 지
혜롭게 사는 거야. 살면서 거절만 멋지게 해도 인생은 얼마든지 멋질
수 있어. 멋진 거절이 최고의 예술이란 걸 꼭 기억해 둬! 그리고 이
쪽지를 네 지갑 속에 끼워 둬!

　　"거절도 예술이다!"

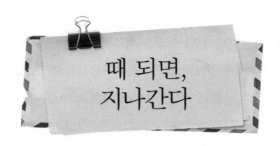

때 되면,
지나간다

제이!

때 되면, 지나간다. "이 또한 지나가리라!" 이 말 많이 들어봤지? 내 지갑 속에 끼어있는 쪽지 글귀야. 『미드라쉬』에 나오는 말이지. 『미드라쉬』는 유대인들이 성경을 설명하거나, 랍비들의 성경에 관한 이야기를 모은 문헌이야. 이 문헌에는 이런 유명한 이야기가 담겨있어.

어느 날, 왕이 보석을 만드는 세공사를 불러, 자기 자신을 위한 아름다운 반지를 하나 만들라고 지시하더니, 또 이렇게 지시를 했다는 거야. "그 반지에는 내가 큰 승리를 거두어 환호할 땐, 결코 교만하지 않게 하며, 큰 절망에 빠져 낙심할 땐, 결코 좌절하지 않으며, 스스로에게 용기와 희망을 줄 수 있는 글귀를 새겨 넣어라"라고. 보석 세공사는 최고의 보석으로 아름다운 반지는 만들었지만, 왕이 지시한 두 가지 감정을 조절할 수 있는 글귀를 생각해낼 수가 없었다는 거야. 아무리 고민을 해 봐도 해답을 찾을 수 없자, 세공사는 지혜롭기로 소문난 왕의 아들인 솔로몬 왕자를 찾아가 이렇게 도움을 청했대.

"왕자님! 왕께서 말하신 큰 승리를 거두어 환호할 땐, 결코 교만하지 않게 하며, 큰 절망에 빠져 낙심할 땐, 결코 좌절하지 않으며, 스스로에게 용기와 희망을 줄 수 있는 글귀가 무엇이라고 생각하십니까?"라고 묻자, 솔로몬 왕자는 빙그레 웃더니 반지에 새겨 넣을 글귀를 가르쳐 주었다는 거야. 바로 이렇게! "이 또한 지나가리라!"

솔로몬 왕자는 이 말을 이렇게 설명했다고 하잖니? "승리로 도취한 순간에 그 글귀를 보면, 영광이란 영원한 것이 아니라, 이 순간이 지나면, 곧 사라지는 것이므로 교만이 금방 가라앉을 것이고, 절망스러운 순간에 그 글귀를 보면, 절망 또한 이 순간이 지나면, 곧 지나가 버리기 때문에 마음의 평정을 유지하게 될 것입니다."라고. 그러자 세공사는 이 글귀를 반지에 새겨 왕에게 바쳤고, 왕이 기뻐하였다고 하잖아.

살다 보면 기쁨도 있을 수 있고, 슬픔도 있을 수 있는 거야. 더 나아가 시도 때도 없이 분함도 억울함도 오해도 실망도 좌절도 느낄 거야. 이제부터는 그런 걸 가슴속에 너무 깊이 묻어두지 마! 솔로몬 왕자의 말처럼, 그런 감정들은 한순간이 지나면, 바로 그 순간에 흔적도 없이 다 사라져 버릴 거라고 믿어 봐! 그리고 너도 이 글귀를 반지에 새겨 둬! 반지가 없다고? 그러면 침대 머리에 새겨 두고, 읽어 봐! 흥분된 마음이 가라앉을 때까지 읽고 또 읽어 봐! 그럼 분명히 마음이 기쁘든 슬프든, 조금씩 평온해질 거야. 솔로몬 왕자의 말을 믿고, 조용히 따라 읽어 봐! "이 또한 지나가리라!" 뭐? "이 또한 곧 지나가리라!"라고? "곧" 자가 하나 더 들어가니깐, 더 실감 나네. 그래 네 말이 맞다.

"이 또한 곧 지나가리라!"

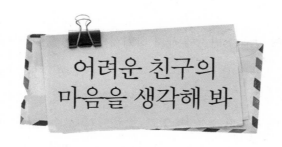

어려운 친구의 마음을 생각해 봐

제이!

어려운 친구의 마음을 생각해 봐! 넌 지금 뭐 하고 있어? 멍하니 앉아 있을 뿐이라고? 멍하니 있으면서 시간을 보내도 나이를 먹는 것은 똑같지 않겠어? 하지만 훗날 후회의 강도는 분명히 차이가 있을 거야. 별로 그렇게 바쁘지도 않고, 심심하다면 잠시 이 글을 읽어 봐! 제목은 〈붕어빵 가격의 비밀〉이라는 건데, 읽으면서, "아! 난 왜 그런 생각을 하지 못했을까!" 하고 후회스러웠어. 지금부터라도 덜 후회할 삶을 살려고 해. 너도 조금이라도 덜 후회할 삶을 살고 싶지? 그럼 너도 한번 그 글을 읽어 볼래?

"저희 동네에는 붕어빵을 파는 아저씨가 계십니다. 눈이 오고 바람이 불어도, 그 자리에서 꿋꿋이 장사하시죠. 하지만 장사가 잘되는 것 같지는 않더군요. 하루는 붕어빵을 먹고 싶다는 지인이 있어서 처음 그곳으로 붕어빵을 사러 갔습니다. 그런데 가격이 좀 이상하더군요. '붕어빵 1개에 300원, 붕어빵 3개에 1,000원' 3개 1,000원이면, 한 개당 333원인데, 한 개 사면 300원이라니, 의아한 계산법이라는 생각이 들더군요. 궁금증을 이기지 못한 저는 결국, 아저씨에게 여쭤 보았습니다.

"아저씨! 가격이 이상한데요. 많이 사는 사람에게 싸게 줘야 하는 거 아닌가요?"라고요. 그러자 아저씨는 저를 물끄러미 바라보더니, 말씀하시더군요. "붕어빵 하나씩 사 먹는 사람이 더 가난합니다."라고요. 붕어빵 사 먹을 돈 천 원이 없어서, 한 개밖에 주문할 수 없는 사람을 위해 한 개의 가격을 낮게 잡은 것이죠."

이 글을 쓴 분은 착하게도, "우리가 주변 사람들에게 더욱 신경을 쓰고, 배려하고, 생각해 준다면, 세상은 따뜻해진다. 아저씨가 파는 붕어빵만큼 세상이 훈훈해지길 바란다."고까지 덧붙여 주었던 거야. 하나씩 사 먹는 사람이 더 가난하다고 대답한 붕어빵 아저씨. 붕어빵

사 먹을 돈 천 원이 없어서, 한 개만 사 먹는 사람을 위해 한 개의 가격을 더 낮게 잡은 붕어빵 아저씨. 그 붕어빵 아저씨가 정한 붕어빵 가격의 비밀을 알았지? 그 아저씨처럼 생각하지 못했던 것이, 좀 후회스럽지? 나도 그랬어! 많이 후회스러웠지. 이제부터라도 어려운 친구의 마음을 생각해 봐! "붕어빵 1개에 300원, 3개에 1,000원" 이게 바로, 배려 중의 배려 아냐?

지갑 속에 이 쪽지도 끼워둬!
"붕어빵 1개에 300원, 3개에 1,000원"

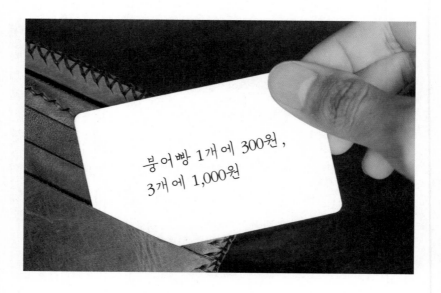

4.
인생의
주인공이 되라

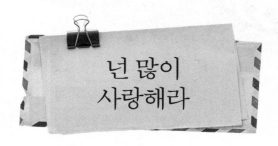

넌 많이
사랑해라

제이!

넌 많이 사랑해라! 사랑할 수 있는 시간이 네가 생각하는 것보다
너무나도 짧을 수 있으니까. 사람도 동물도 꽃도 사랑할 존재는 너
무너무 많지? 하지만 미워하고 시기하고 질투하며 보내는 시간을 빼
고 나면, 사랑하며 살 수 있는 시간이 얼마나 되겠니? 사랑하기는커
녕, 사소한 일 가지고도 목숨까지 걸면서, 시기하고 질투하며 싸워
대잖아.

시기와 질투는 모든 악마를 만든다는 것 모르니? 넌 "질투"라는 녀

석이 아무리 예쁘고 멋져 보여도, 그 녀석과는 절대로 단 1분 1초도 사랑을 나누지 마! "시기"라는 녀석도 그 녀석의 동생일 뿐이야. 내가 사랑을 많이 하라고 했다고 해서, 시기, 질투 따위들과 사랑을 나눈다면, 그건 누가 뭐래도 실망할 수밖에 없겠지? 사랑하면서 살기도 아까운 시간을 시기, 질투하며 낭비한다면, 얼마나 억울하겠니?

주는 기쁨을 한번 기억해 봐! 왜냐면 사랑은 주는 것에서 비롯되는 것이잖아. 철학자 칼 힐티는 "사람의 행복이란 서로 그리워하는 것, 서로 마주 보는 것, 그리고 서로 자신감을 주는 것이다."라고 했는데, 이 말을 "사랑이란 서로 그리워하는 것, 서로 마주 보는 것, 그리고 서로 자신감을 주는 것이다."라고 말하면 안 될까? 이게 바로 진실하게 사랑하는 것 아니겠어? 불멸의 명작 〈로미오와 줄리엣〉을 남긴 세계 최고의 시인이자 극작가였던 윌리엄 셰익스피어. 그는 "사랑이란 그저 미친 짓이다."라고 했지.

넌 그저 미친 체하고, 사랑해 봐!

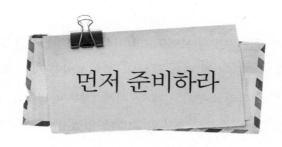

먼저 준비하라

제이!

　먼저 준비해! 준비가 없으면, 모든 게 꽝이야! 준비가 안 되면, 찾아온 기회도 날아가 버리니까. 앤드류 카네기도 "때를 놓치지 말라! 이 말은 인간에게 주어진 영원한 교훈이다. 그러나 인간은 이것을 그리 대단치 않게 여기기 때문에 좋은 기회가 와도, 그것을 잡을 줄 모르고, 때가 오지 않는다고 불평만 한다. 하지만 때는 누구에게나 오는 것이다."라고 했잖아? 아무리 좋은 기회가 와도, 그 기회를 잡을 준비가 되어 있지 않다면, 그건 그림의 떡 아니겠어?

프랑스의 황제이자 전쟁 영웅이었던 나폴레옹은 "나는 언제나 일하고 있다. 그리고 늘 생각한다. 내가 항상 어떠한 일에 직면했을 때, 당황하지 않고 즉시 처리하는 것은, 미리 여러 가지 경우에 대해서 생각해 두었기 때문이다. 다른 사람이 예상조차 할 수 없는 돌발 사태에 처했을 때, 즉시 내가 해결해 버리는 것은, 내가 천재이기 때문이 아니다. 식사할 때나, 혹은 극장에서 오페라를 구경할 때도, 나는 늘 머릿속에서 준비하고 있다."고 말했잖아. 너무도 멋진 말 아니야? 나폴레옹이 전쟁 영웅이 된 것도, 황제가 된 것도 알고 보면, 항상 그의 준비하는 습관이 만들어 낸 작품이 아니겠어? 아무나 황제나 영웅의 자리에 앉을 수는 없는 거야. 최고의 자리란 가장 먼저, 가장 많이 준비하는 자에게 주어지는 정당한 보상이라고 생각하는데, 네 생각은 어때? 너도 저절로 고개가 끄덕여지지? 준비된 자만 원하는 자리에 앉을 수 있는 거잖아.

　내가 애용하는 〈성공조건 100가지〉가 있어. 너도 그걸 꼭 기억해 둬! 100가지는 너무 많아서, 기억할 수 없다고? 알았어! 그럼, 100가지를 쉽게 기억할 수 있는 방법을 알려 줄게. 첫 번째는, 먼저 준비하라! 두 번째는, 나머지 아흔아홉 가지는 알 필요도 없다! 왜? 싱거워?

그럼 넌 100가지 다 써서 외워 봐!

난 "먼저 준비하라!" 이거 하나면, 충분해.

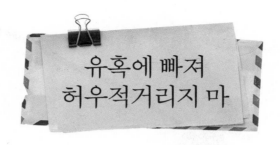

제이!

유혹에 빠져 허우적거리지 마! "유혹이 강할수록 파멸은 더 강하다." 이 말은 많은 경험을 통해서 입증된 사실이잖아. 윤기가 흐르고, 색이 화려하며 찬란하여 널 현혹하는 버섯치고 독버섯 아닌 것이 있었어? 너를 현혹하는 녀석들은 다 너를 위해서 존재하는 것처럼 보일 거야. 하지만 그런 녀석들은 모두 너를 파멸시킬 독을 지니고 있는 것일 뿐이란 걸, 잊어서는 안 되겠지?

바로 돈, 권력, 명예라는 놈들은 이런 공통점이 있어. 멀리서 볼 때는, 화려하고 향기롭지만, 가까이에서 보면, 아주 더럽고 썩은 냄새만 풍겨! 혹시 널 현혹했던, 이런 놈들이 함께 가자고 또 유혹하거든, 그냥 "빠이빠이! 안녕!" 하고 손만 흔들어 주면, 어떻겠니? 썩은 냄새 마시고 싶은 녀석들이나 실컷 마시라고 하는 것도, 꽤 괜찮지 않겠어?

돈, 권력, 명예의 유혹에 단 1초도 망설이지 않고 저항할 수 있는 자가 멋져 보이지 않니? 유혹은 곧 파멸을 만드는 녀석이야!

"유혹은 곧 파멸을 낳는 악마"라고?
맞아. 네 말이 정답이다.

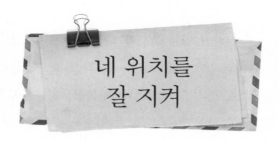

네 위치를
잘 지켜

제이!

　네 위치를 잘 지켜! 성벽을 쌓을 때가 어려울까? 성벽을 지킬 때가 더 어려울까? 성벽은 쌓을 때보다, 지킬 때가 더 어려운 법이야. 그 말이 무슨 뜻인지 잘 알고 있지? "성벽을 쌓을 때는 수십, 수백 년 걸리지만, 무너질 때는 한순간에 와르르 무너져 버린다."고 하잖아. 지나친 자만과 오만은 몰락을 자초하는 지름길이야. 그걸 잊지 마! 아무리 견고하게 쌓은 성벽이라도, 그 성을 쌓은 자의 자만과 오만이 시작되는 순간에 무너져 버리는 거니까.

『만인의 길』의 저자인 영국 소설가 새뮤얼 버틀러, 그도 "무지의 진정한 특징은 허영과 자만과 교만이다."라고 경고했잖아. 그런데도, 그 경고를 귀담아듣지 않고, 세상을 주름잡으려던 사람들은 서로 자기가 더 잘났다고 다투며, 별의별 잡지의 표지모델로 온갖 폼 다잡고 등장했었잖아. 그리곤 그 순간에 쥐도 새도 모르게 어디론가 비참하게 사라져 버렸잖아? 그 사람들, 살아있는지도 모르잖니?

그러니 넌 징검다리 건너듯, 조심 또 조심하는 게 어때? 어릴 때, 싸워 봤잖니? 싸울 때도 이겼다고 생각하는 그 순간에, 네 콧등이 먼저 깨지고 말잖아. 깨진 콧등 만지면서, 후회한들 무슨 소용이 있겠어? 돈, 권력, 명예를 차지한 녀석들을 잘 살펴봐! 어느 순간에 목소리 톤부터 휙 달라지잖아? 아주 꼴사납게 말이야.

그게 바로 그 녀석들이 망할 망조가 들었다는 증거야. 목소리 톤은 잘나갈 때일수록, 겸손해야 하지. "교만은 실패를 낳는다."라고 침실 천장에 써서 붙여놓고, 매일 잠자기 전에 한 번씩 읽어 보는 건 어떻겠니? 그게 싫으면, 넌 "실패는 교만의 자식이다."라고 써서, 침실의 벽 전체까지 아예 도배해 버리던가? 네가 힘들게 쌓은 성벽에서 무너진 돌에 오징어가 되고 나서 후회할 거니?

"잘나갈 때, 잘해!"라는 말, 많이 들어 봤지? 그냥 생긴 게 아니야. 다 그만한 이유가 있어서 생긴 거야. 이젠, 그 말을 들을 때면, 한 번쯤 생각해 보고 들어 봐! "있을 때, 잘해!"라는 노래만 부르지 말고, "잘나갈 때, 잘해!"라는 노래도 한번 만들면, 어떨까? 내가 지금 즉석에서 만든 건데, 한번 따라서 불러 볼래?

"잘나갈 때, 잘해, 후회하지 말고.
잘나갈 때, 잘해, 흔들리지 말고.
잘나갈 때, 잘해, 그러니까 잘해.
이번이 마지막, 마지막 기회야!"

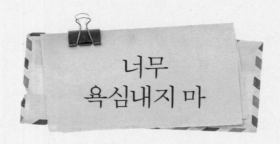

너무
욕심내지 마

제이!

너무 욕심내지 마! 나무에서 떨어져 본 기억 나? 어린 시절, 꾀꼬리 알을 훔치러 소나무 꼭대기에 올라갔다가 떨어져 버렸잖아? 그땐, 꼬리뼈가 통째로 빠져나가는 것처럼 아팠잖아? 생각만 해도 아파 죽겠구먼! 지금도 눈물만 글썽이며 "왜 그랬을까?" 하며 후회한들 무슨 소용이 있겠니? 당연히 소용없는 일이지. "더 높은 곳에서 떨어질수록 더 많이 아프다."고 하잖아. 그러니깐 권력, 명예 너무 높이 오르는 것, 그렇게 좋아할 것도 아니잖니? 아프게 떨어질 거라면, 적당히 오르던지, 그것도 아니면, 차라리 처음부터 오르지 않는 것이 훨씬 낫지 않을까?

　러시아의 소설가 톨스토이도 "공중에 날겠다는 생각이 헛된 것처럼, 자신을 드높이려는 생각 역시 헛된 것이다. 자신을 드높이면, 오히려 사람들에게 반감을 생기게 할 것이며, 그들의 눈에 멸시의 표정을 떠오르게 할 것이다."라고 말했다는 것 들어 봤지? 또, 그가 "욕심이 적으면 적을수록 인생은 행복하다. 욕심을 버리는 것이 행복해지는 길이다."라고 한 이 말은 누구나 다 알고 있다고 말할 수는 있겠지. 하지만 지금 실천하고 있다고 말할 수는 없는 진리일 거야. 누구나 높은 곳에 올랐으면, 그다음엔 반드시 떨어질 차례를 맞이하게 될 뿐이야. 떨어질 때를 생각해 봐! 그리고 너무 욕심내지 마!

　나옹선사의 어록을 보면, "명예를 탐내고 이익을 욕심내어 허덕이던 자, 그 마음 다 채우지도 못하고, 헛되이 백발일세!"라는 짧은 말이 나오는데, 한번 심호흡하고 앉아서, 조용히 읽어 봐! 기분이 어때? 욕심쟁이일수록 마음이 더 찡할까? 그건 나도 모르겠다. 〈팔만대장경〉을 모두 다 읽어 볼 필요도 없어. 그중에 들어있는 이 한마디만 기억하면, 고통 없이 즐거운 삶을 사는 데 충분할 거야. 읽어 줄게, 잊지 마! "욕심은 수많은 고통을 부르는 나팔이다!"

너무 높은 곳에서 떨어지면, 저승으로 직행할 수도 있잖아! 개똥 밭에서 굴러도 저승보다는 이승이 훨씬 낫다고 하잖아. 그렇지 않겠어? 실감이 나지 않으면, 높은 나무 꼭대기에 올라갔다가 눈을 슬쩍 감고, 그냥 한 번만 뚝 떨어져 봐! "높이 오르겠다."는 말이, 한 방에 자라 모가지 쏙 들어가듯, 들어가 버릴 거야! 예로부터 "욕심이 사람 잡는다."고 한 말, 그냥 장난삼아 생긴 것이 아니란 걸 알겠어?

알았으면, 정신 차려!
후회하지 말고!

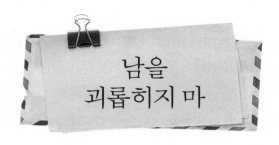

남을
괴롭히지 마

제이!

남을 괴롭히지 마! 이유가 있든 없든 남을 괴롭히지 마! 남을 괴롭히는 녀석은 반드시 더 큰 보복을 받게 되어 있잖아. 길게 보면, 이유 없이 남을 힘들게 하는 사람이 자기 자신을 가장 힘들게 만드는 사람이야.

서양 속담에 "찍은 도끼는 잊을 수 있어도, 찍힌 나무는 절대로 잊지 않는다."고 하잖아. 너도 찍힌 나무의 입장이 되었을 때, 찍은 도끼 녀석을 절대로 잊을 수 없다고 했잖아. 그리고 언제라도 꼭 복수

해 주겠다며, 분노했잖아. 함부로 성질 내키는 대로 여기저기 찍어대는 도끼 같은 인생이 되어서는 안 되겠지?

남의 눈에서 눈물 나게 하면, 내 눈에서는 피눈물 나는 법이야. 너보다 약한 자라는 이유로 결코, 너의 심심풀이 장난감이 될 수는 없는 거야. 지금 너보다 약하다고 영원히 너보다 약할 거라 생각하지 마! 그렇게 생각하는 건, 한참 착각하는 거야. 억울한 말을 들은 쪽은 분해서, 두고두고 잊지 못하지만, 말한 쪽은 쉽게 잊어버린다고 해서, 예부터 "들은 귀는 천 년이요, 말한 입은 사흘이다."라고 했잖니? 어찌 함부로 남을 깔보며, 지껄여 댈 수 있겠니? 억울하게 찍힌 나무의 분노를 생각해 봤니? 생각만 해도 끔찍하잖아!

넌 절대로 남을 괴롭히거나, 흉을 보지 마!
그게 바로 널 지키는 길이야.

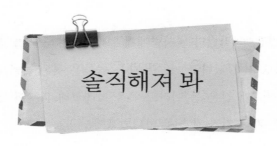

솔직해져 봐

제이!

솔직해져 봐! 솔직하면, 다 통하는 거야. 아직도 네 마음을 몰라주
는 사람이 주위에 있다면, 그 사람을 미워하거나, 원망할 일이 아니
야. 그건 그동안 네가 덜 솔직했었다는 증거일 뿐이니까. 모기 눈물
만큼이라도 더 솔직해져 봐! 그러면 네 마음을 몰라주는 사람은 단
한 명도 존재하지 않을지도 모르니깐.

잘난 녀석일수록 얼마나 솔직하지 못하고 거짓말만 해 댔으면, 예
부터 "똥개는 믿을망정, 상전 양반은 못 믿고 산다."는 말까지 만들

어서 퍼트렸겠어? 잘났다는 사람에게 얼마나 많이 속았으면, 그랬겠어? 그런데도 저 잘났다고 떠들어 대는 놈들은 못된 놈을 꾸짖을 때마다, 툭하면 "개 같은 놈"이라고 욕을 고래고래 퍼부어 댔잖아. 그 소리를 들은 개는 기가 찰 노릇 아니었겠어?

아무튼, 똥개도 배꼽 터지게 웃길 일이다! 똥개들은 못된 똥개 놈을 꾸짖을 때, 어떻게 할까? 혹시 이렇게 하지 않을까? "잘난 인간 같은 놈!"이라고.

넌 거짓말하지 마! 사기도 치지 마! 솔직한 마음으로 살아!
그러면 외롭지 않을 거야!

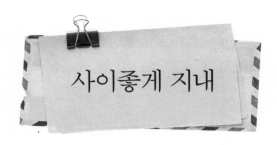

사이좋게 지내

제이!

사이좋게 지내! 싸움이란 건 그다지 좋아할 게 아니야! 싸워서 이
득 나는 꼴을 단 한 번도 보지 못했으니까. 싸움이란 제대로 살피지
않고 무작정 벌였다가는, 네 코만 작살나고 끝나는 법이야.

싸움은 하지 않는 것이 가장 좋고, 어쩔 수 없이 싸워야 한다면,
빨리 끝낼수록 좋은 거야. "이기는 싸움이라도 오래 끌면 헛장사"라
는 말 들어봤지? "전쟁을 다섯 번 치러서, 다섯 번 이겨도 나라가 망
한다."고 했어. 아무리 쉽게 이기는 전쟁이라도 한쪽만 전혀 손실 없

이 이길 수 있는 전쟁은 없다는 말이겠지. 싸우다 보면, 완벽하게 이기는 싸움판에서조차 네 코도 어느 정도는 깨지게 된다는 것을 경험했잖아.

너만 전혀 손실 없이 이기는 싸움을 해 봤니? 당연히 그런 싸움은 못 해 봤겠지? 싸움은 절대로 쉽게 생각하고, 덤벼들 일이 아니야! 싸움을 공연한 분풀이용으로 벌이는 것도 안 되겠지. 때로는 아무런 이유도 없이, 싸우자고 덤벼드는 녀석을 만나게 될 거야. 그럴 땐, 넌 맘속으로 이렇게 말해 봐! "잘 가세요! 지구 밖으로! 그리고 다시는 오지 마세요!"라고. 그런 녀석과는 단 1초라도 상대해줄 필요가 없어! 왜냐하면, 그런 놈들과 상대하면서, 네 짧은 인생을 아깝게 낭비할 수는 없잖아.

어떤 싸움이든, 싸워서 얻을 수 있는 이익을 잘 따져 봐! 그 이익이 별 볼 일 없는 것이라면, 더 이상 생각할 것도 없어. 그냥 접어 둬! 그게 바로 상책이니까. 설령 싸워서 얻을 수 있는 이익이 아무리 큰 것이라고 하더라도, 네 소중한 인생과 바꿀 수는 없는 노릇이잖아.

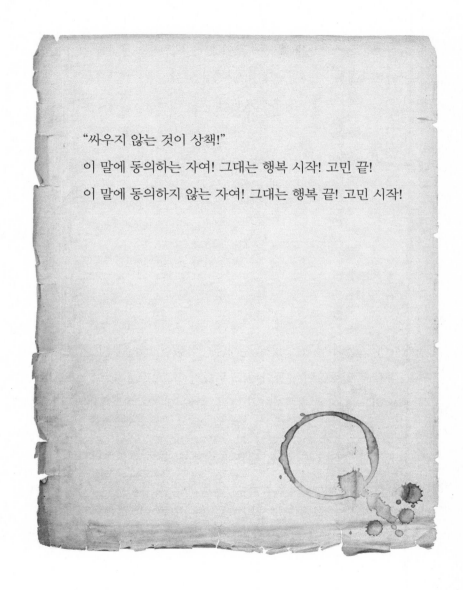

"싸우지 않는 것이 상책!"

이 말에 동의하는 자여! 그대는 행복 시작! 고민 끝!

이 말에 동의하지 않는 자여! 그대는 행복 끝! 고민 시작!

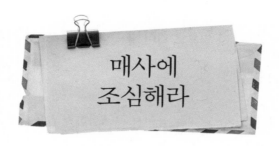

매사에
조심해라

제이!

매사에 조심해라! 조심해서 손해 볼 것 없어. 옛날부터 어른들이 귀가 따갑게 말했잖아. "돌다리도 두들겨 보고 건너라!"고, 아무리 쉽고 잘 아는 일이라도 조심하여, 실수 없게 하라는 것 아니겠어?

살다 보면, 한순간의 방심 때문에 일평생 쌓은 공든 탑이 무너져 버리게 되지? 그러니깐 "방심"이는 강물에 던져 버리고, "조심"이만 데리고 살면 되지 않겠니? "삶은 게도 도망칠까 봐, 다리 먼저 떼어 놓고 먹는다."고 하잖아. 삶은 게가 어떻게 도망치냐고? 죽어서도 제

버릇 버리지 못한 게가 옆으로 기어서 도망치는 걸 조심해야 하지 않겠니?

물론 조심하지 않는 녀석은 죽어서도 조심하지 않을 거야. 왜냐하면, 그런 녀석은 이미 "방심"이랑 결혼해 버렸으니까. 그러니 "방심"이랑 사는 것보다, "조심"이랑 사는 것이 훨씬 행복하지 않겠니?

넌 "조심이랑 살겠다."고?
응, 잘 생각했어!

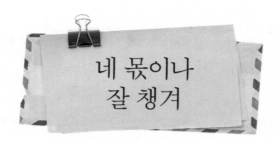

네 몫이나
잘 챙겨

제이!

　네 몫이나 잘 챙겨! 네 밥그릇은 어디로 갔어? 남의 밥그릇 빼앗으
려 하지 말고, 네 밥그릇이나 빼앗기지 않을 궁리를 하는 것이 어떻
겠니? "남의 밥그릇 빼앗으러 간 사이, 내 밥그릇 도난당하는 세상"
이야. 요즘 같은 약육강식의 세상에서 살아가면서, 빼앗지는 못하더
라도 뺏기지만 않는다면, 다행스러운 일 아니겠니? 남의 밥그릇 못
빼앗어도, 네 밥그릇 지킨 것만으로도 정말 다행스럽게 생각해야 하
는 것 아니겠니?

땅강아지 꼴 기억나? 어릴 때 길바닥에서 자주 봤잖아. 겁 없는 땅강아지가 개미 밥 빼앗으러 개미집에 갔다가 개미떼에게 잡혀서 죽는 꼴, 너도 여러 번 봤잖아. 땅강아지가 개미 밥 빼앗기는커녕, 제 몸뚱이만 즉석 개미 간식 되는 꼴을 잘 봤잖니? 땅강아지처럼 겁도 없이 남의 밥그릇까지 빼앗으러 갔다가 꼴사납게 죽는 녀석들 많잖아.

"자나 깨나, 불조심!"도 중요하지만, "자나 깨나, 내 밥그릇!"이라고 밥상 모퉁이에 써 붙이는 것도, 요즘 같은 세상이라면, 어울리지 않겠니?

"자나 깨나, 내 밥그릇!"

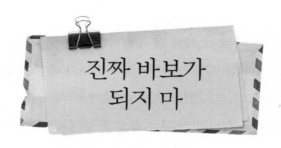

진짜 바보가
되지 마

제이!

진짜 바보가 되지 마! 바보도 종류가 너무 많아. 맹구처럼 연극에
서 웃겨주는 바보도 있고, 진짜 바보도 있잖아. 연극에 나오는 맹구
같은 바보는 가장 능력 있는 배우야. 그런 바보짓은 얼마든지 해도
좋아. 하지만 제 주제도 모르면서 까부는 바보짓을 해서는 정말 안
되잖니? 아무 데서나 무모하게 덤벼드는 건 바보짓이라고 했지? 그
런데 "호랑이를 잡으려면 호랑이 굴로 들어가라."고? 내가 미쳤어?
호랑이 굴에 들어가면 호랑이를 잡기는커녕, 나만 잡혀 먹힐 게 뻔할
뻔 자인데, 내가 왜 거길 들어가겠어?

"호랑이를 잡으려면 호랑이 굴로 들어가라."고 말한 놈부터 그 호랑이 굴에 들어가 보라고 하면 어떻겠니? 그놈이 제일 먼저 줄행랑쳐 버릴 거라고? 네 말이 맞아! 그놈이 제일 먼저 줄행랑칠 거야. 혹시 호랑이 굴에 들어가서 호랑이를 잡아 온 사람이 있으면, 한번 떳떳하게 나와 보라고 하면 어떨까? 몇 사람이나 나올까? 호랑이 굴에 들어간 사람들은 모두 호랑이에게 잡아먹혀서 살아남은 사람이 없을 거라고?

그것 봐! 그런 무모한 짓은 함부로 저지르는 것이 아니야. 무모한 짓을 저질러서 이득을 본 놈보다 손해를 본 놈이 훨씬 많다는 사실을 잊지 말아야겠지? 호랑이가 굴 밖으로 나올 때까지 기다렸다가, 기회를 봐서 잡는 것이 차라리 더 낫지 않겠니?

이유야 어찌 되었든 무모한 짓은 절대 금물이야! 누구에게나 목숨은 단 하나밖에 없으니까. 목숨이 여러 개라면, 한 번쯤 미친 체하고 호랑이 굴에 들어가 봐도 되겠지. 하지만 목숨은 분명히 하나뿐이야.

어떠한 유혹이 있어도, 무모한 짓은 당장 멈춰!
목숨은 여분이 없잖아!

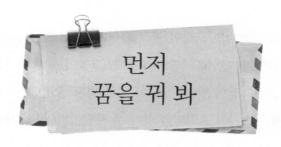

먼저
꿈을 꿔 봐

제이!

노래 잘 불러? 최상급 음치라서 잘 못 부른다고? 그럼 노래 잘 부를 수 있을 거라는 꿈은 가지고 있어? 그건 당연하다고? 그럼 넌 멋진 사람이야! 노래를 잘 부르는 사람보다, 노래를 잘 부를 수 있을 거라는 꿈을 가지고 있는 사람이 더 멋진 거잖아.

사람이 꽃보다 아름다운 이유는 꿈이 있기 때문이잖아. 숱한 역경 속에서 성공한 사람들은 모두 원대한 꿈을 가지고 있었고, 그 꿈이 언젠가는 반드시 이루어질 거라는 것을 굳게 믿어 왔던 사람이야.

　누군가는 이렇게 투덜대지? "이루지 못할 꿈은 꾸어서 어디다 쓰냐?"고, 그럼 넌 "꾸지도 않은 꿈이 이루어지겠어? 또, 품지도 않은 알에서 병아리 나오는 것 봤어?" 하고 물어봐! 꿈을 이루기 위해서는 먼저 꿈을 꾸고, 그 꿈을 이루는 실천이 따라야 한다는 걸 잊지 마! 누가 뭐라고 해도 분명한 것은, 꾸지도 않은 꿈이 이루어지는 것은, 지구가 반쪽으로 쪼개져도 불가능할 뿐이야!

　이해가 되지 않는다고? 좋아! 그럼 이렇게 해 봐!
　알 없는 둥지에서 병아리 깨어 나올 때까지 기다려 봐!

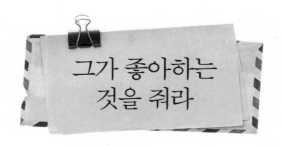

그가 좋아하는
것을 줘라

제이!

다른 사람이 좋아하는 것을 줘! 그것이 바로 너를 따르게 하는 비
법이야. "강제란 곧 역효과다." 아주 멋진 말이지? 강제는 어떠한 이
유로도 좋은 것이 될 수 없어. 결국, 역효과를 가져올 뿐이니까. 상
대가 스스로 원해서 네가 의도하는 대로 따라오게 만들어! 그것이 바
로, 최상급 리더십이잖아.

상대가 그렇게 따라오도록 하려면, 무엇보다도 그가 무엇을 소중
하다고 여기는지 잘 살펴봐! 그리고 그가 소중하다고 여기는 그것을

가질 수 있도록 도와주면 되는 거야. 때로는 그가 두려워하는 것에서 해방될 수 있도록 도와주면, 또 저절로 따라오지 않겠어? 상대의 감정을 건드리는 강제는 하수들이나 하는 짓이야. 그런 건 오직 증오만 낳을 뿐이니까.

개가 따라오게 하려면, 뭘 주면 되겠니? 개가 소중하다고 여기는 것을 주면 된다고? 바로 그거야! 그럼 넌 뭘 준비하려고 하니? 그렇게 머뭇거릴 필요 없어. 뼈다귀를 준비해! 왜냐고? 개는 뼈다귀를 소중히 여기잖니? 그것 하나면, 하루 종일 즐겁게 놀 수 있잖아. 입으로 빨고, 발로 굴리면서 말이야. 개에게 그것보다 더 소중한 것이 또 있겠니? 금덩어리도 필요 없어!

그 사람에게 필요한 것, 좋아하는 것을 주는 것,
그게 바로 리더십이야!

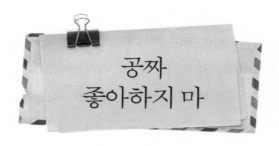

공짜
좋아하지 마

제이!

공짜 좋아하지 마! 공짜가 어디 있냐? 또 공짜가 그렇게도 좋은 거야? 이 세상에 진정한 공짜란 없어! 뭐든지 공짜는 가치가 없거나 위험한 거야. 가치 있는 것을 공짜로 쉽게 얻으면, 그 과정에는 함정이나 덫이 숨겨져 있잖아. 값어치 있는 것을 얻으려면, 반드시 대가가 따르는 법이야! 어느 경우이든지 대가를 지불한다면, 함정이나 덫에서 자유로워질 수 있지 않겠어?

때로는 달라는 것 이상으로 팍팍 줘! 인색해서 얻을 수 있는 건,

이것뿐이야. 이름 앞에 "치사한 놈"이라고 몇 자 더 달아놓는 것. 이렇듯 공짜란 원래 치사한 거야. 이 세상이 어떻게 변하더라도 지갑을 먼저 열 줄 아는 자에게서 권력이 나오는 법이야! 그렇다면, 어찌하면 좋을까? 주저할 것 없잖아.

내 지갑부터 비워!
공짜란 어차피 없는 것, 공짜는 가라!
"내 지갑이 열린다!"

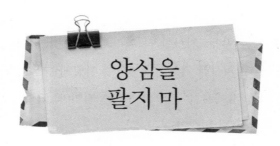

양심을
팔지 마

제이!

양심을 팔지 마! 우연히 읽어 본 사연인데, 들어 볼래? 어느 유명 호텔의 사원모집 면접시험 날에 있었던 사연이야. 수많은 응시자 가운데 10명만이 남아, 한 명씩 최종 면접시험을 보는 날이 된 거야. 이제 갓 대학을 졸업한 젊은이가 사장 비서의 안내를 받으며, 두근거리는 가슴을 쓰다듬으면서 면접시험장에 들어서는데, 때마침 호텔 사장이 달려오더니, 크게 웃으며 그를 와락 껴안으면서, 이렇게 외쳤다는 거야. "드디어 찾았어! 지난주 공원 호수에서 내 딸을 구한 젊은이가 바로 이 사람이야! 이름도 밝히지 않고 가더니, 여기서 이렇게 만날 줄이야!" 그 순간 젊은이는 어리둥절했겠지. 젊은이는 이게 웬 뜻밖의 행운인가 하고, 잠깐 생각했다가, "아닙니다. 잘못 보셨습니다. 지난주 저는 공원에 가지 않았습니다."라고 단호하게 말했다는 거야. 다음 날 발표된 합격자는 바로, 그 젊은이였지.

젊은이는 첫 출근한 날, 우연히 만난 사장 비서에게 "사장님 딸을 구한 분은 찾았습니까?"라고 묻자, 사장 비서는 이렇게 말하더라는 거야. "사장님에게는 딸이 없는데요." 그런 상황에 처했을 때, 단호하게 그렇게 질러 댈 수 있겠어? 오히려 "이게 웬 횡재야!" 하고, 마치 사장 딸을 구해준 개선장군이라도 된 것처럼, 더 리얼하게 떠들어대지 않겠어?

나라면, 솔직히 그렇게 질러대지 않았을 것 같아. 나중에 들켜서 쫓겨날 땐, 쫓겨나더라도 말이야. 남의 밭에서 내 밭으로 굴러온 호박을 걷어차 돌려보내는 것처럼, 굴러온 행운을 한 점 망설임 없이 걷어찰 수 있겠어? 하지만 너도 그 젊은이처럼 해 봐! 이 사연 덕분에 마음을 비우면, 더 큰 행운이 굴러들어 온다는 걸 알았잖니?

지금 너도 면접시험 보러 가니?
그럼 양심만은 꼭 지켜!

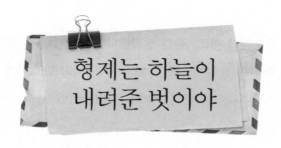

형제는 하늘이
내려준 벗이야

제이!

형제란? 형제는 하늘이 내려 준 벗이야! 눈물 젖은 빵 조각을 뜯어 먹으며 살아도, 서로 화목하게 지내는 형제가 있지? 근데, 소, 돼지 잡아 놓고 잘 먹으면서도, 헐크처럼 싸우는 형제들도 많이 있잖아. 고기 못 먹고, 빵 조각으로 배를 채워도, 하늘이 선물해 준 형제들과 화목하게 지내는 게 훨씬 낫지 않겠니? 화목은 하늘 아래 으뜸가는 덕목이야! 어느 것도 그걸 추월할 수가 없는 거지.

존 F. 케네디 미국 대통령의 취임연설 중에 이 말 나오지? "조국이 당신을 위해 무엇을 해줄지 묻지 말고, 당신이 조국을 위해 무엇을 할지 물어라!" 이 말, 처음 들을 때나 지금이나 여전히 멋지게 들리지? 이 말을 이렇게 바꿔보면 어떨까? "형제가 날 위해 무엇을 해줄지 묻지 말고, 내가 형제들을 위해 무엇을 할지 물어라!" 형제들에게서 받고 싶은 것이 있다면, 그것이 무엇이든 주저하지 말고, 먼저 줘봐! 형제의 몸은 나와 같은 피가 흐르고 있으니깐. "피는 물보다 진하다!"는 말 기억해!

이집트 속담에 "개는 자기 형제의 귀를 물어뜯지 않는다."고 하잖아. 이집트 개만 그렇겠어? 개도 자기 형제의 귀는 물어뜯지 않는다고 했는데, 인간이 자기 형제의 귀를 마구 물어뜯으면 되겠어? 그건 진짜로 개만도 못한 것이겠지.

그래서 "개만도 못한 녀석"이라는 말이 생겼나 봐!
개만도 못한 녀석이라!

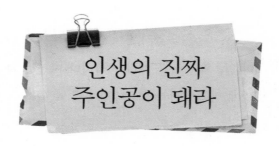

인생의 진짜
주인공이 돼라

제이!

인생의 진짜 주인공이 돼라! 너 말고, 네 인생의 주인공이 따로 있을 수 있겠어? 또, 네 삶에 대해서 누가 책임을 대신해 주겠어? 캐롤 버넷이 "나만이 내 인생을 바꿀 수 있다. 아무도 날 대신해 해 줄 수 없다."고 말한 것은, 자신의 인생에서 스스로 주인공이 되고, 살아온 결과에 대해서 책임을 질 줄 알라고 한 것이 아니겠어?

다른 사람이 네 인생을 책임져주기는커녕, 저마다 자기 인생을 책임지며 살기도 바쁜 세상이야. 설령 아무 할 일 없는 백수라도, 남의 인생까지 책임져 줄 시간은 없겠지? "내 인생은 내 것!"이란 걸 잊지 마! 그것도 모르고 멍청하게 있다가는, 제 인생의 주인공 자리마저 빼앗기고, 남의 장난에 놀아나는 인생을 살다가 끝장나.

제 인생의 주인 자리는 내팽개치고, 머슴 노릇이나 하는 꼴이라면 좋겠니? 주인과 머슴은 모든 게 달라! 한 번 들어볼래?

첫째, 주인은 스스로 일하고, 머슴은 누가 봐야 일해.

둘째, 주인은 힘든 일도 즐겁게 하고, 머슴은 즐거운 일도 힘들게 해.

셋째, 주인은 소신 있게 일을 하고, 머슴은 남의 눈치만 봐.

넷째, 주인은 자신이 책임을 지고, 머슴은 주인이 책임을 져.

다섯째, 주인은 될 방법을 찾고, 머슴은 안 되는 핑계를 찾아.

이것 말고도 수없이 많은 차이가 있겠지. 넌 네 인생의 주인이 될래? 아니면, 머슴이 될래? 주인이 되든, 머슴이 되든, 그 선택은 자유야! 그래도 이왕에 할 거라면, 머슴보다는 주인이 낫겠지?

"네 인생의 진짜 주인공이 되라!"고 한 이유를 알겠어?

이제라도 알았으면, 다행이야!

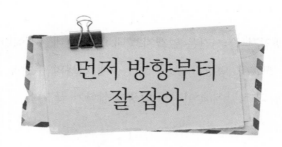

먼저 방향부터 잘 잡아

제이!

먼저 방향부터 잘 잡아! 인생이란, 속도는 천천히, 방향은 바르게 가야 하는 것 아니겠니? 어떤 사람은 방향보다는 속도가 더 중요하다고 말하고, 또 어떤 사람은 속도보다는 방향이 더 중요하고 말하는데, 네 생각은 어느 쪽이 맞는 것 같아? 속도일까? 방향일까? 이건 나도 정말 헷갈려!

그럼 이렇게 생각해 봐! 방향보다는 속도가 중요하다고 말하는 사람들은 누구보다도 비행기 안에서 떠들고 있는 사람들이 아닐까? 만약에 방향이 틀렸다면, 다시 돌아서 오면 된다고 하겠지만, 일단 공기 저항을 만들 수 있는 정도의 속도 이상으로 계속해서 날지 못하면, 멋진 비행은커녕, 어느 산꼭대기나 바다 한가운데, 아니면 마을로 추락하여 목숨마저 날아갈 판이잖아. 하늘을 날던 비행기가 갑자기 속도가 나지 않아서 멈춘다면, 얼마나 끔찍하겠어? 그 비행기를 타고 있는 사람이라면, 그래도 방향이 더 중요하다는 말이 나오겠어? 또, 자전거를 타는 사람들도 마찬가지로 방향보다는 속도가 더 중요하다고 하겠지? 가는 방향이야 옳지 않다면, 다시 방향을 돌려

서 가면 되겠지만, 속도가 너무 느리면 넘어지고 말잖아. 그러니 그들의 주장도 틀렸다고는 할 수 없겠지.

하지만 인생을 전력질주해서 날아가는 비행기처럼 살아야 할 이유가 없잖니? 느리면 넘어지는 자전거와도 꼭 비교할 대상이 아니잖아. 나는 "삶이란 속도는 느리게, 방향은 옳게 가야 하는 것"이라고 말하고 싶다.

미국의 의사이며 시인인 올리버 웬델 홈즈도 "인생에서 중요한 것은 어느 곳에 있느냐가 아니라, 어느 방향으로 가고 있느냐이다."라고 했잖아. 그렇게 말한 이유가 있지 않겠니? 난 이 말을 "인생에서 가장 중요한 것은 얼마의 속도로 가고 있느냐가 아니라, 어느 방향으로 가고 있느냐이다."라고 바꿔서 말해 주고 싶어.

속도냐? 방향이냐? 어느 쪽을 선택하고 싶니? 아직도 헷갈려?
그럼 일단 인생의 핸들을 꽉 잡고, 방향부터 잘 잡아!
지구 밖으로 사라지기 전에!

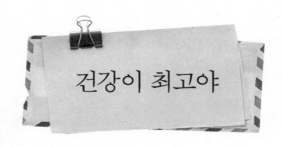

건강이 최고야

제이!

　건강이 최고야! 건강을 잃으면, 모든 건 물거품 되어 사라지잖아. 건강은 건강할 때 지키는 것이, 건강을 잃은 후, 다시 찾는 것보다 훨씬 쉽잖아. 그래서 건강은 건강할 때 지키라는 거야. 뭘 먹고 싶을 땐, 일단 먹고 보잖아. 그게 바로 몸을 망치게 하는 거라고 하잖아. "건강을 지키겠다는 것과 많이 먹겠다는 것은 결코 친구가 될 수 없다."는 속담을 귀담아들어 보면, 먹고 싶은 대로 먹어치우는 사람에게 건강을 기대할 수 없겠지? 그런 이유로 예부터 "절제를 벗으로 하면, 건강은 저절로 굴러 들어오는 것"이라고 한 거야. "우유를 배달

시켜서 먹는 귀족보다, 새벽길을 달리며 우유를 배달해주는 알바가
더 건강한 법"이라고 하잖아. 가만히 앉아서 몸에 좋다는 것만 꼴딱
꼴딱 받아먹는 것보다, 비록 몸에 좋다는 것을 맛도 못 봐도, 몸을 많
이 움직이는 것이 건강에 더 좋다는 말 아니겠어?

그리고 인간의 병은 대부분 스트레스를 받아서 생긴다고 이구동
성으로 떠들어 대잖아. 그런데도, 너만 그걸 모르고 있단 말이야? 누

군가가 스트레스를 주려고 하거든, "난 그거 필요 없어! 너나 배 터지게 먹어!"라고 해 봐! 공짜로 준다고 해도, 스트레스를 받아 먹어서는 안 되잖아. 어리석은 일 중에 가장 어리석은 일은, 다른 어떤 이익을 얻기 위해 자신의 건강을 포기하는 거야. 그건 제 몸 뚱이를 통째로 다른 어떤 이익과 바꿔 먹는 꼴 아니겠어? 이 세상 에 네 건강과 바꿀 수 있는 게, 뭐 있겠어? 돈, 권력, 명예 따위랑 바꿔 먹겠다고? 그게 바로 어리석은 거잖아. "건강이 있는 곳에 자유가 있다."고 했어. 건강을 잃으면, 자유고 뭐고 아무것도 없 는 거야. "이 세상에 건강보다 나은 부귀영화는 어디에도 없다." 는 걸 잊지 마!

철학자 몽테뉴도 "쾌락도, 지혜도, 학문도, 그리고 미덕도 건 강을 잃으면 그 빛을 잃어버려서, 다 사라지게 된다."고 말하잖 니? 곰곰이 생각해 봐! 지당하신 말씀 아냐? 보너스로 한 마디만 더 말해 줄게,

"병든 황제보다 건강한 거지가 더 멋져!"

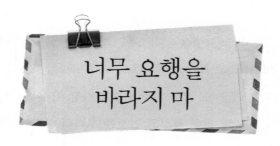

너무 요행을
바라지 마

제이!

너무 요행을 바라지 마! 대박을 노리다 쪽박 차는 거야. 록, 포크 음악 하면, 쉽게 떠오르는 최고의 뮤지션 밥딜런 조차 "돈이 다 무슨 소용이 있나? 사람이 아침에 일어나고, 밤에는 잠자리에 들며, 그 사이에 하고 싶은 일을 한다면, 그 사람은 성공한 것이다."라고 인터뷰 했잖아. 아침에 일어나고, 밤에는 잠자리에 들며, 자신이 하고 싶은 일을 하고, 그 일을 즐기고 있다면, 그는 성공한 사람이라니, 누구에게나 이 정도의 기회는 다 오는 것 아니겠어?

그러니 굳이 너무 요행을 부리거나, 대박을 좇아서 헤맬 필요는 없지 않겠니? 대박 노리다가 쪽박 찬 거지가 되잖아. 쪽박 찬 거지들에게 물어봐! "당신은 왜 쪽박을 차셨나요?"라고 조용히 물어봐! 그럼 그 거지는 이렇게 말해 줄 거야. "요행도 대박도 믿을 놈 못 되니깐, 넌 속지 마라!"라고.

거지가 되고 나서, 후회한들 무슨 소용이 있겠어?
지나가는 똥개는 믿어도, 대박은 믿지 마!

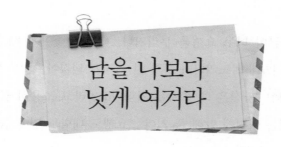

제이!

남을 나보다 낮게 여겨라! 이 세상에서 나보다 못한 사람을 고른다면, 몇 명이나 고를 수 있겠니? 아마도 거의 없을 거야. 철강왕 앤드류 카네기 묘비에 뭐라고 쓰여 있는지 알아? 아직 보지 못했다고? 그럼 내가 읽어 줄게. 귀를 기울여 봐! "자기보다 나은 사람을 부하로 두고, 그와 더불어 일하는 길을 알고 있는 사람, 이곳에 잠들다." 라고 쓰여 있어. 너도 한번 가서 읽어 봐! 부하를 자기 자신보다 나은 사람이라고 인정했기 때문에 성공한 것 아니겠어? 카네기는 역시 멋진 카네기야. 다른 사람을 귀하게 여겨야, 너도 덩달아 귀하게 되는 거야. 혹시 네가 남보다 더 능력이 있거나 부귀하다고 생각한다면,

더 너그럽고 관대해야 하겠지.

이 말도 내가 즐겨 보는 거야. 너도 들어 볼래? "사람은 장님 있어
도, 복은 장님 없다." 복도 다 나름대로 눈이 달려서 아무에게나 절
대로 안 가. 마음이 따뜻한 사람에게만 찾아가는 거야. 그래서 예로
부터 "마음이 따뜻해야 복을 누린다."고 한 것 아니겠어? 또, 배려가
없으면, 성공도 없는 거야. 이 세상에서 가장 훌륭한 사람은 아마도
배려할 줄 아는 사람 아니겠어? 똥개도 저를 알아주고, 예쁘다고 쓰
다듬어 주는 사람을 따라가잖아. 그런데 사람이야 어떻겠니? 두말하
면, 잔소리 아냐? 너에게 무시당하려고 태어난 사람은 이 세상에 단
한 명도 없다는 사실을 잊지 마! 그럼 욕 안 먹고 살 수 있을 거야.

노래 가사에도 이렇게 나와 있잖아. "산다는 게 별거 있더냐? 욕
안 먹고 살면, 되는 거지."라고 말이야. 남 욕을 안 하면, 욕먹을 일
없잖니? 남을 깔보면 안 돼. 지렁이도 밟으면, 꿈틀댄다고 하잖아.
지렁이도 화나면, 무서워! 너도 그건 알고 있지?

"남을 욕 먹였던 자여! 이젠 그대가 욕 드실 차례다!
남을 비웃었던 자여! 이젠 그대가 비웃음 당하실 차례다!"

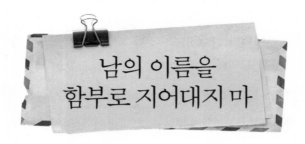

남의 이름을
함부로 지어대지 마

제이!

남의 이름을 함부로 지어대지 마! 왜냐고? 일단 넌 그렇게만 알고
있어. 그 이유는 말해 줄게. 꽤 슬프면서도 웃기는 이야기가 있어서
그래. 그렇다고 결코 감동적인 이야긴 아니야. 어떤 꽃의 이름에 관
한 이야기인데, 꽤 안쓰럽고 웃겨. 그 꽃의 이름이 "큰개불알꽃"이
래. 그 꽃은 아주 작고 예쁜 꽃인데, 이름 때문에 너무 억울해서 죽겠
다는 거야. 글쎄, 내가 생각해 봐도 그래.

누가 그따위 이름을 지어 댔는지는 몰라도, 그건 너무하잖아. 그 꽃은 날이면 날마다, 자신은 크고 아름답지는 않지만, 작고 소박한 아름다움을 지닌 꽃이라고 하소연해. 그 가냘프고 귀여운 녀석에게 "큰개불알꽃"이라니! 남의 이름이라고, 그렇게 함부로 지어 대서야 되겠어?

내가 꽃 중에 어떤 꽃인가 하고 찾아보니, 진짜로 있더라. 그 "큰개불알꽃"이라는 꽃이! 근데, 넌 큰 개불알처럼 생겼을 거라는 선입견을 갖지 마! 그 꽃은 생김새도 너무 예쁘고, 빛깔도 정말 예쁜 하늘색이야. 향기는 맡을 수 없어서 못 맡았지만, 향기도 좋을 것 같은 느낌이었어. 그 꽃은 자신처럼 예쁜 하늘색 꽃이 또 어디 있느냐고 하면서, 어느 누가 자신의 이름을 그렇게 지어 놓아서, 신세를 망쳐버렸다고 서운해하는 모습이었어. 너도 듣고 보니, 정말 이름이 좀 그렇지? 누가 그렇게 지어 놨는지, 찾아보고 싶더라. 꿀밤을 한 대 먹이고 싶을 정도였어.

그 꽃의 예명은 "봄까치꽃"이라는데, 아무도 그 예쁜 예명을 불러주지 않는다는 거야. 얼마나 속상하겠니? 또 영어로는 "베로니카"래! 그런데 이 "베로니카"라는 이름도 안 불러 준다니, 그 꽃의 심정이 어떻겠니? 완전 "큰 개불알" 같겠지. 사람도 마찬가지야. 한 번 잘못 불리면, 그렇게 끝장나는 거야. 그게 바로 선입견을 만드는 것 아니겠어? 그 꽃도 자신의 이름을 "큰개불알꽃"이라고 지어준 사람이 무척 원망스러웠겠지. 아무리 생각해 봐도 글쎄, "큰개불알꽃"이 뭐냐?

그런데 이름이 그렇다 보니, 개나 소나 할 것 없이 다 까불며, 짓밟아 댄다는 거야. 때로는 토끼들까지도 함부로 덤벼들어 마구 뜯어 먹고 있다니, 할 말 다 한 거지 뭐. 이름 하나 잘못 지어 놓으니, 별것들이 다 우습게 알잖아. 불쌍한 그 여린 꽃을 생각해 봐! 누구의 이름도 함부로 불러서는 안 되겠지?

어찌 보면, 그게 이득이 될 수도 있겠다고? 왜 그렇게 생각하니? 일단 그 이름을 한 번 들으면, 안 잊어버릴 이름이라고? 네 말도 이해는 되지만, 억울한 그 꽃의 심정을 생각해 봐! 그런 말이 나올 수 있겠어? "봄까치꽃"이라고 불러 봐! 아니면, 혀를 조금 굴려서 "베로니카"라고 하던지!

넌 남의 이름을 함부로 지어대지 마!

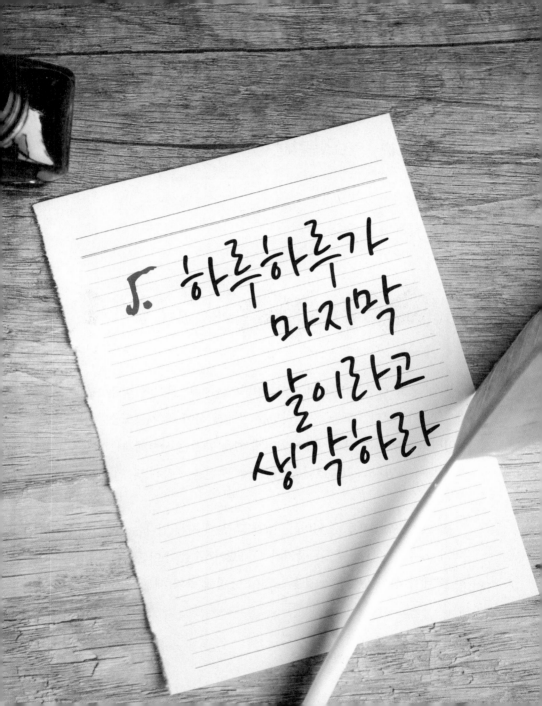

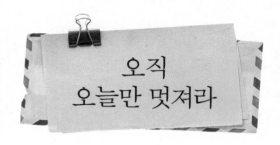

오직
오늘만 멋져라

제이!

매일 오늘 하루만 멋지게 살아 봐! "오늘"이란 무엇에 비유하면, 가장 잘 어울릴까? "오늘"은 살아있는 자에게 신이 내려준 소중한 선물이라고 표현하는 것은 어떨까? 어제 생을 마감한 사람에게는 오늘이 그토록 갈망하고 갈망했던 날이었다는 사실을 생각해 봐!

즐거운 일이든 괴로운 일이든, 네가 그 일에 처해 있다는 건, 결국 "네가 오늘도 살아 있다."는 증거가 아니겠어? 오늘이 아름답다는 이유는 "네가 살아 있다."는 것을 또렷이 증명해 주기 때문이야. 죽은 자에겐 오늘이 무슨 의미가 있겠니? 오늘은 오직 살아있는 자의 몫이야. 네 몫으로 주어진 오늘을 맘껏 즐겨야 하지 않겠어?

미국 대통령 링컨은 "사람은 자신이 행복해지겠다고 결심한 만큼만 행복해진다."고 했잖아. 그럼, 오늘만큼은 반드시 행복하게 살겠다고 결심해 봐! 오늘은 어제와는 전혀 다른 새로운 날이야. 그걸 절대로 잊지 마!

아리오 단테도 "오늘이라는 날은 두 번 다시 오지 않는다는 것을 잊지 말라!"고 하잖니? 내 말을 듣기 싫다면, 단테 할아버지가 했던, 그 말이라도 새겨들어 봐! 오늘도 또 새로운 마음으로 하루를 살 수 있다는 건, 참으로 좋은 것 아니겠어? "오늘 무엇을 했느냐?"라는 건 매우 중요한 거겠지. 네 생전에 다시 돌아오지 않을, 인생의 하루를 그것과 통째로 바꿔 버린 것이니까. 오늘이 지나가는 순간, 억만금과도 바꿀 수 없는 네 인생의 하루가 깡그리 사라져 버리는 것 아니겠니?

데일 카네기도 "오늘의 이 시간은 더할 수 없는 보배다. 사람은 그에게 주어진 인생의 시간을 어떻게 사용하였느냐에 따라서, 그의 미래가 결정된다. 만일 오늘 하루를 헛되이 보냈다면, 그건 큰 손실이다. 오늘 하루를 유익하게 보낸 사람이라면, 그는 하루의 보배를 파낸 것이다. 오늘 하루를 헛되이 보내는 것은, 내 몸을 소모하고 있다는 것을 깨달아야 한다."라고 말하잖아. 그러니 오늘을 "네 생애 최고의 날"로 만들어 봐! 오늘 헛살면, 인생 모두 헛사는 거야! 오늘이 쌓여서 인생이 되니까.

철학자이자 시인인 에머슨, 그도 "인생에 관해서 잘못 알고 있는 것 중의 하나는, 오늘이 결정적으로 중요한 날이 아니라고 여기는 것이다. 매일 오늘이 최고의 날이라는 것을 마음속 깊숙이 새겨라. 돈만 많다고 잘 사는 게 아니다. 바로 오늘을 충실하게 즐기는 사람이 잘 사는 사람이다."라고 말했잖아? 인생! 뭐, 잘 살 수 있는 특별한 비결이 따로 있겠어? 오늘만 충실하게 즐기면 된다고 하잖아.

매일 오늘 하루만 정신 차리고, 충실하게 즐겨 봐!
그럼 평생 만사형통이야.
오직 오늘 하루를 멋지게 써!

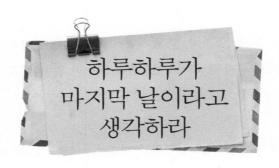

하루하루가
마지막 날이라고
생각하라

제이!

하루하루가 마지막 날이라고 생각해! 그러면 넌 지난 과거에 집착할 이유도 없고, 아직 오지도 않은 미래에 대해서 두려울 이유도 없을 거야. 왜 과거와 미래에 연연하지 말고, 살아 있는 오늘 하루를 생의 마지막 날이라고 생각하며 살아야 하는지 모르겠다면, 이 두 분의 말을 잘 음미해보면, 알 수 있을 거야. "나는 과거를 생각하지 않는다. 중요한 것은 끝없는 현재뿐이니까. 또, 현재뿐 아니라 미래까지 걱정한다면, 인생은 살 가치가 없을 것이다." 이 말은 노벨 문학상을 받은 영국의 극작가인 서머셋 몸이 한 말이야. "나는 미래에 대해 생각하는 법이 없다. 어차피 곧 닥치니까." 이 말은 익살스럽게 생긴 할아버지, 바로 천재 물리학자 아인슈타인이 한 말이야. 무슨 말인지 이해가 가지?

변명 중에서 가장 어리석고 못난 변명은 시간이 없어서라는 변명 이라고 했어. 넌 그런 변명을 구차하게 대지 말고, 하루하루를 놓치지 마! 하루하루가 너의 마지막 날이라고 생각하며, 살아 보란 말이야. 그럼 시간이 없어서, 뭘 못 했다는 어리석은 변명을 할 필요가 없을 거야.

오늘이 생의 마지막 날이라 생각한다면, 자신의 얼마 남지 않은 소중한 시간을 낭비하면서까지 이러쿵저러쿵 다른 사람에 대한 험담이나 늘어놓는 사람은 없겠지. 아무리 시간이 남아돌아도 다른 사람에 대해 평가를 한답시고 건방 떨면서, 시간을 허비하지 마! 다른 사람을 평가할 시간이 있다면, 차라리 낮잠이라도 자고 싶은 대로 자!

오늘이 네 생의 마지막 날이라는데, 무슨 남에 대한 평가야? 오늘이 네 생의 마지막 날이야! 남 말할 정신도, 시간도 없잖아. 더 이상 남 말하지 마! 오직 너 자신의 단점부터 찾아봐! 그리고 그 치사한 자존심 때문에 숨겨두었던 감사와 사과의 마음을 다 털어 놓아 봐! 그래야 조금이라도 더 마음이 편하고, 덜 후회스럽지 않겠어? 링컨 대통령 할아버지가 했던, 이 말을 전해 줄게. "미래의 가장 좋은 점은 한 번에 하루씩만 온다는 것이다." 그 하루씩만 놓치지 말고 살면 되는 거야.

약 400년 전에 발타자르 그라시안의 인생철학으로 탄생한 책, 바로 인생의 지침서로 전 세계에 알려진 『세상을 보는 지혜』에는 이런 말이 담겨 있잖아. "우리가 진정으로 소유하는 것은 시간뿐이다. 빈털터리에게도 그 시간은 있다." 네가 설령 빈털터리라고 하더라도 시간만은 누구도 부럽지 않게 소유하고 있다는 것 아니겠어? 중요한 건, 소유하고 있는 그 시간을 네가 어떻게 쓰느냐 아니겠어? 그 시간을 너의 마지막 남은 시간이라고 생각하고 쓴다면, 훗날 후회는 확 줄어들 거야.

그렇게 해 봐!
넌 할 수 있잖아.

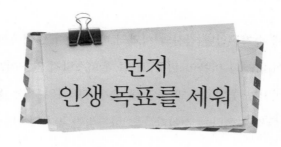

먼저
인생 목표를 세워

제이!

먼저 인생 목표를 세워! 네 인생 목표가 네 인생을 이끄는 거야! 목적지를 잃거나 목적지가 없으면 배가 표류하듯이, 인생도 목표가 없거나 목표를 잃으면, 표류하는 것일 뿐이야. 목적지가 있어야 배가 항해를 하잖아. 이처럼 목표가 있어야 사람도 살아갈 수 있는 거야. 아침을 맞이하며, 하루의 목표를 세워 봐! 그리고 하루를 그대로 살아 봐! 잠자리에선 살아온 하루를 다시 점검해 봐! 그럼 누구나 아침에 세우는 "하루의 목표"가 얼마나 중요한지를 저절로 깨닫게 될 거야.

성공학의 대가로 알려진 브라이언 트레이시는 "성공이란 것은 자기 스스로 목표를 설정하고, 이를 실현할 수 있는가에 달려 있다고 생각한다. 남의 방해 없이 자신이 원하는 방식대로 사는 게 성공이다. 결국, 스스로 행복을 찾고, 마음의 평화를 얻는 게 성공이다."라고 말하잖아. 무엇보다도 먼저 인생 목표를 세우고, 그 목표를 향해 자기가 원하는 방식대로 살아가는 것이 성공이라고 말할 수 있지 않겠니?

주어진 오늘에 충실하기 위한 첫 번째 조건은, "오늘의 목표를 세우는 것"이란 걸 잊지 마! 그러면 주어진 인생에 충실하기 위한 첫 번째 조건도 당연히 "인생의 목표를 세우는 것"이란 걸 잊을 수 없을 거야. 세계적인 경제학 교수였던 메이벨 뉴컴버도 "문제는 목적지에 얼마나 빨리 가느냐가 아니라, 그 목적지가 어디냐는 것이다."라고 하잖아. 목적지가 어디에 있는지 아는 것이, 그 목적지에 얼마나 빨리 가느냐보다 중요하다는 것 아니겠어?

바다를 항해하는 배들은 모두 정확한 목적지를 정해 놓고, 그 목적지를 확인한 후에 출발하잖아. 어떠한 위험이 도사리고 있는 곳이라도 용기 내어 갈 수 있는 이유는 바로 이 목적지인, 목표가 있기 때문이야. 인생도 이와 마찬가지 아니겠어? 목표가 없다면, 장엄한 인생의 바다를 어떻게 건널 수 있겠니? 로버트 슐러 목사도 "의욕적인 목표가 인생을 즐겁게 한다."라고 하잖니?

　그렇다면 목표 없는 인생은 어떻겠니?
　그런 인생은 재미는커녕, 땡감 씹는 맛일 거야.

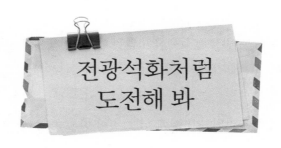

전광석화처럼
도전해 봐

제이!

전광석화처럼 도전해 봐! 네 운명은 너 스스로 만들어 가는 거야. 도전 없이 성공을 기다리는 건, 마치 봄에 씨도 뿌리지 않고 가을에 곡식을 기다리는 얼빠진 녀석 아니겠어? 넌 그렇게 얼빠진 녀석이 아니잖아.

또, 실패를 너무 두려워하지 마! "용기가 있는 한, 실패는 없다"라는 말을 굳게 믿으면서 말이야. 실패는 작은 두려움, 망설임에서 싹이 튼다고 했잖아. 영화배우이자 토크쇼의 여왕으로 불리는 오프라 윈프리도 "조금도 위험을 감수하지 않는 것이, 인생에서 가장 위험한 일이라 믿는다."라고 하잖아.

실패할 것을 두려워하기 전에 너 자신이 땀을 흘릴 각오가 되어있는지부터 점검해 봐! 그리고 무슨 일에 도전했다면, 이제부턴 오직 정직과 성실을 벗으로 삼고, 한눈팔지 말고 가! 목표는 네가 생각했던 곳보다 훨씬 가까이에 있을 테니까. 동기부여 전문가인 앤드류 매튜스가 "그 무엇도 직선으로 움직이지 않는다. 어떤 목표도 좌절과 방해를 겪지 않고 이루어지는 법은 없다."라고 말하는 이유를 잘 음미해 봐!

노벨 문학상을 받은 세계적인 극작가, 조지 버나드 쇼는 "나는 젊었을 때 열 번 도전하면, 아홉 번 실패했다. 그래서 열 번씩 도전했다."라고 말했잖니? 그랬던 조지 버나드 쇼조차도 그의 묘비에는 "우물쭈물하다가 내 이럴 줄 알았다."라고 새겨져 있어. 그런데 넌 몇 번이나 도전했고, 몇 번이나 실패해 봤어? 도전은커녕, 우물쭈물하다가 여기까지 오진 않았어? 목표를 세웠으면, 인제 더 이상 망설일 것 없어. 네 묘비에 "우물쭈물하다가 내 이럴 줄 알았다."라고 새겨놓고 싶지 않으면, 첫발을 과감하게 내질러버려!

"성공이란, 열정을 잃지 않고, 실패를 거듭할 수 있는 능력이다."
이 말은 영국의 수상이자 노벨 문학상을 받은 윈스턴 처칠이 한 말이
야. 성공이란, 실패를 거듭할 수 있는 능력이라고까지 하잖아. 그런
데도 실패할까 두려워? 목표를 세우고 도전하겠다고 결심이 섰다면,
그냥 내질러버려! 눈 감고 내질러버리란 말이야. 실패는 다음에 고민
해도 늦지 않아!

실패한 후회보다 도전하지 못한 후회가 더 큰 거야.
자! 첫발을 내질러!

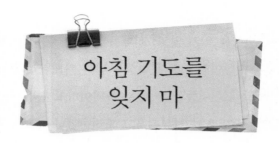

아침 기도를
잊지 마

제이!

아침 기도를 잊지 마! 아침 기도는 모든 걸 이룰 수 있게 해 주는
열쇠라고 하잖니? 아침 기도는 그날의 행운을 불러오는 바람 아니겠
어? 세계 최고의 목회자로 명성이 높은 찰스 스펄전은 "기도는 매일
의 일과이며, 습관이며 사명이다."라고 했어. 그가 매일 기도를 하는
데에는 무슨 이유가 있지 않겠니?

난 매일 아침에 일어나면, 자연스럽게 나만의 방식으로 "3분짜리
기도"를 해. 나만의 방식이란, 특별한 절차나 형식이 없는 것, 그 자

체를 말하는 거야. 오늘도 아침에 눈을 뜸으로써, 내 인생에 하루가 주어진 것에 대하여 감사의 표시를 하는 거지. "오늘을 감사하는 마음으로 맞이하겠습니다. 그리고 오늘을 감사하는 마음으로 잘 쓰겠습니다."라고 몇 마디 중얼거리는 것이 내 기도의 전부야. 하지만 그 짧은 기도의 위력은 말로도 글로도 도저히 표현할 수 없을 정도라는 걸 말해 주고 싶을 뿐이야.

미국의 제16대 대통령 에이브러햄 링컨도 "나는 몇 번이고 무릎 꿇고 기도하지 않을 수 없었다. 그 외에 어떤 것도 할 수 없다는 것을 확신했기 때문이다. 나 자신의 지혜로는 그런 사태에 대처하기엔 부족하다고 생각했기 때문이다."라고 했잖니? 너도 두 손 모아 기도해 봐! 기도는 모든 걸 해결해 주는 해결사라고 믿어도 좋아. 어떤 일이든, 너 자신의 힘만으로는 부족하다는 걸 깨달았다면, 조금도 머뭇거리지 말고, 기도해! 기도를 위한 특별한 절차나 형식 따위는 생각할 필요도 없어! 내 경험으로 볼 때, 그런 건 모두 기도를 방해하는 거추장스러운 것들일 뿐이야.

오직 간절한 마음으로 기도해 봐! 기도는 그 간절한 마음 하나면 충분하니까. 언제 어디서나 그냥 무릎을 팍 꿇고 기도하는 링컨 대통령의 모습처럼. 그 모습이 보기에 좋았으면, 너도 그대로 해 봐!

링컨 대통령처럼!
그럼, 너도 그처럼 되지 않겠어?

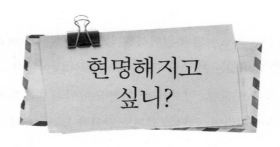

현명해지고
싶니?

제이!

현명해지고 싶니? 그럼 한 번만 더 생각해 봐! 한 번만 더 생각하면, 저절로 현명해져. 너도 초등학생, 중학생 시절이 있었잖아. 그땐 말썽 피우는 개구쟁이였지? 선생님은 말썽 피우는 개구쟁이 우리에게 벌을 주셨잖아. 운동장 끝자락에 서 있던 나무를 돌고 오는 벌, "선착순 돌기"라 했던가? 그때 현명한 개구쟁이들이 터득한 노하우는? 첫 번째 선착순에 완전 꼴찌를 하면, 두 번째 선착순에 뒤로 돌아서 다시 달릴 때는 안정권으로 들어온다는 사실.

현명한 꼴찌 녀석은 벌써 앉아서 편히 쉬고 있는데, 어리석은 중간 녀석들은 앉아있는 개구쟁이들을 부러워하며, 여전히 죽기 살기로 달리고 있다는 사실. 이것이 바로 선착순 달리기의 묘미 아니었니? 일등이 능력이라면, 작전상 꼴찌도 당연히 능력이겠지.

무슨 일이든 한 번만 더 생각하면, 현명한 사람이 될 수 있어. 그럼 발바닥에 불날 일도 조금은 더 줄어들 테고 말이야. 뭐든지 한 번

만 더 생각해 봐! 어릴 때 선착순 돌기 하던 추억도 회상하면서, 이참
에 한 번 더 생각하는 습관을 가져 봐! 어릴 때 선생님이 다 그런 지
혜를 가르쳐 주시기 위해서, 선착순 돌기라는 것도 시켰다고 생각하
면, 우릴 가르쳐 주신 선생님도 더 존경스럽게 보이잖니?

그 시절, 난 이미 그 노하우를 터득해버린 덕분에 "선착순 돌기"
때마다 두 바퀴로 끝냈잖아. 선착순 돌기의 그 묘미를 모르고 계속
달렸던 친구들아! 헐레벌떡 죽도록 뛰던 개구쟁이 친구들아! 지금 생
각하니 조금 미안하고, 웃길 뿐이야. 살아가면서, 그런 기회가 또 올
거야.

그땐 꼭 한 번만 더 생각해 봐!
현명한 꼴찌가 될 수 있을 거야.
현명한 꼴찌 파이팅!

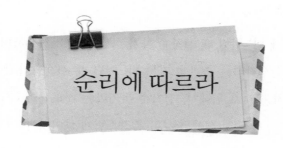

순리에 따르라

제이!

　순리에 따라! 모든 일에는 순서가 있는 법이야. 아무리 바쁘다고
하더라도 순서를 빼먹거나 거꾸로 한다면, 그 일은 망칠 수밖에 없겠
지? 생각해 봐! 바늘귀에 실을 꿰기 힘들다고, 실을 바늘허리에 묶어
서 바느질할 수는 없는 노릇이겠지? 또 나룻배를 타고 강을 건너야
지, 강을 건너고 나서 나룻배를 탈 수는 없는 노릇 아니겠니?

　꼭 거꾸로 하고 싶다면야, 강을 헤엄쳐서 건넌 뒤, 나룻배는 강가
로 끌고 다니면 되겠지. 하지만 그건 웃기는 꼴이 될 거야. 넌 그런

웃기는 꼴이 되지 마! 뭐라고? "거꾸로 가도 서울만 가면 된다."고? 천만에, 그런 얼빠진 놈들 말에 속지 마! 거꾸로 가서는 죽을 때까지 가도, 서울론 못 가! 서울 방향으로 가야만, 서울에 갈 수 있을 뿐이 야! 내 말이 의심스러우면, 반대 방향으로 죽을 때까지 가 봐!

또, 우물에 가서 숭늉 달라고 떼를 써 봐! 숭늉 한 모금 얻어먹기 는커녕, 꼴좋게 바가지로 물 뒤집어쓴 생쥐 꼴이 되지 않겠어? 누가 뭐래도, 일은 순리야! 순리에 따르는 법을 먼저 배워야 하지 않겠니? 더 이상 따지지도, 우기지도 마라! 입씨름하는 지금도 시간만 흘러가 고 있잖아. 흘러가는 시간만 아깝다!

순리를 따르라!
그럼 일이 저절로 해결된다!

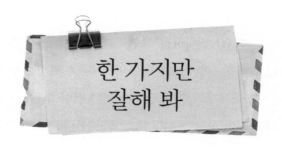

한 가지만
잘해 봐

제이!

한 가지만 잘해 봐! 가장 잘할 수 있는 것 한 가지만 잘하면 되는
거야. 이것저것 쓸데없이 기웃거릴 필요 없어. GE 전 회장 잭 웰치는
"세계 시장에서 현재 1위를 하고 있거나, 곧 1위를 할 수 있는 사업
을 제외하고는 모조리 때려치워라!"라고 했지. 이 말은 자신의 힘을
한곳으로 집중하겠다는 선언 아니겠니? 어느 한곳에 집중한다는 것
은, 다른 곳을 과감하게 포기하겠다는 것이겠지?

포기 없는 집중은 없어! 또, 포기가 없으면, 선택도 없는 거야! 어느 것을 선택했다는 것은, 바로 무언가를 포기했다는 거지. 진정한 포기는 또 다른 현명한 선택을 위한 능력이 아니겠니? 무언가를 선택하고 싶다면, 또 다른 무언가를 진정으로 포기해 봐! 그래야만 성공을 향해 갈 수 있을 테니까. 현명한 선택은 현명한 포기에서 창조된 작품이야!

어느 쪽에 집중할 것인지 고민스러울 때는, 과감하게 버릴 쪽이 어느 쪽인지를 먼저 생각해 봐! 또, 먹자니 먹을 게 없고, 버리자니 아까울 정도라면, 과감하게 버리는 게 상책일 거야. 버릴 것은 아까운 줄 알면서도 버리는 거야, 그래야만 집중할 곳에 집중할 수 있지 않겠어? 버리기 아깝다고, 다 끌어안고 가다가는 멀쩡한 것까지 다 썩어!

썩기 시작하는 사과를 아깝다고 싸둬 봤자,
멀쩡한 사과까지 썩히는 꼴이지 뭐.

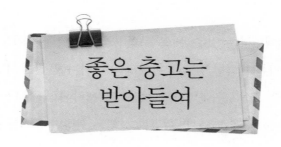

좋은 충고는
받아들여

제이!

좋은 충고는 받아들여! 충고에 따르지 않는 것과 자존심을 지키는 것은 완전히 달라. "일찍 일어나는 새가 벌레를 잡는다."라고 하며, 누군가가 충고할 때, "일찍 일어나는 벌레가 먼저 잡혀 죽는다."라며 대꾸하고 반항할 필요가 있겠어? "좋은 약일수록 더 쓰다."고 하잖아. 그와 마찬가지로 좋은 충고일수록 더 듣기 싫겠지? 하지만 너를 위한 충고는 주저할 것 없이, 그냥 받아들이는 습관을 가져보면 어떻겠니? 그럼 살면서 후회할 일이 조금이라도 줄지 않겠니?

청개구리 이야기 알지? 언제나 비가 오려고 하면, 후회하며 울잖니? 너도 도움이 되는 충고에 반항하다 보면, 청개구리 꼴 되는 거야. 개굴개굴 청개구리 말이야. 충고를 받아들여서 손해 보는 경우는 거의 없어.

이런 충고를 한 번쯤 음미해 보면 어떨까? "나는 살면서 네 가지 금언을 익혔다. 첫 번째, 남을 해롭게 하는 말은 절대 하지 말라! 두 번째, 아무도 받아들이지 않는 충고는 하지 말라! 세 번째, 불평하지 말라! 네 번째, 설명하지 말라!" 이 말은 남극 탐험가 R. F. 스콧의 충고야. 충고는 좀 받아들이기 힘들어도 참고 받아 봐! 최소한 인내심이라도 키울 수 있으니까. 손해 보는 장사는 아니잖니? 충고를 따르는 사람보다 거절한 놈이 더 잘나가는 것처럼 보여? 천만에! 절대 안 그래! 따르는 사람이 더 잘나가!

왜냐하면, 충고하는 사람의 말을 따르기 위해서 경청하다 보면, 그는 저절로 경청하는 습관을 갖게 되기 때문이야. 다른 사람의 말을 귀 기울여 경청하는 마음과 자세, 그 자체가 자신의 인생을 확 바꾸는 좋은 습관이 되는 거야. 이젠, 왜 남의 충고에 따라야 하는지 알겠어?

알았으면, 그렇게 해 봐!

분명히 네 인생이 확 달라질 거야.

원판이 되어라

제이!

원판이 되어라! 뭐든지 복사판은 싸구려 취급만 받잖아? 쉬운 복사판만 찍어내는 버릇이 들면, 영원히 원판은 단 한 번도 만들지 못하는 거야. 그러다 보면 인생의 유통기한도 다 끝나지 않겠어? 인생에 무슨 유통기한이 있냐고? 그럼 빵 한 쪽에도 다 유통기한이 있는데, 사람에게만 유통기한이 없겠어?

리하르트 바그너는 "방황과 변화를 사랑한다는 것은 살아있다는 증거다."라고 하잖아. 너도 살아있다면, 과감하게 방황과 변화를 사랑해 봐! "새로운 길을 찾지 않고, 앞서가는 사람의 발자국만 보며 따라가면, 새로운 길을 개척하는 개척자가 되는 건 영 글렀다."라는 걸 모르겠어? 앞서가는 사람의 발자국에서 과감하게 눈을 떼고, 새로운 길을 찾아 들어서 봐! 그리고 뒤따라오는 사람들에게 멋진 네 발자국을 보여줘! 그럼 개척자, 창조자, 선구자, 이 모든 것이 되는 거잖아. 그게 바로 원판을 만드는 것 아니겠어?

실험의학의 창조자라 불리는 클로드 베르나르는 "삶은 창조다."라는 한 마디로 삶에 대한 정의를 내렸잖아.

"삶은 창조다!"
이 말 맘에 들지?
네 맘에 들면, 너 가져!

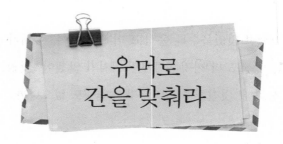

유머로
간을 맞춰라

제이!

유머로 간을 맞춰! 김치는 소금으로 간을 맞추지? 그럼 인생살이는 무엇으로 간을 맞추는지 아니? 그건 바로 유머야. 인생살이의 어디에서나 유머가 없으면 청중 없는 연설 무대요, 관중 없는 경기장 아니겠어? 연설이 재미없으면 청중은 취침에 들 거고, 경기가 재미없으면 관중은 "너희나 실컷 놀아라! 나는 간다."고 하잖아.

인간이 지닌 최고의 능력은 "인간을 울리고, 웃길 수 있는 유머 능력"이야. 인간에게만 주어진 특혜 아닐까? 그 특혜를 맘껏 누려 봐!

간장이 맛있으면 맛있을수록 음식도 더 맛있듯이, 유머가 짜릿하면 짜릿할수록, 인생도 더 짜릿하게 만들어지지 않겠어? 맛있는 유머로 삶의 맛을 창조해! 멋진 유머 없인, 멋진 인생도 없으니까.

　　멋진 유머를 찾아!
　　그것이 네 삶을 멋지게 하는 길이 될 테니까.

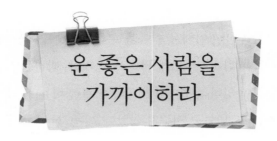

운 좋은 사람을 가까이하라

제이!

운 좋은 사람을 가까이해! 불운으로 망하는 사람을 절대로 가까이하지 마! 왜냐고? 사람들은 수만 가지 이유로 불운에 빠진 사람에게 끼어들었다가 빠져나오지도 못하고 쩔쩔매잖아. 그리고 결국 함께 불운에 빠져, 돌이킬 수 없을 정도로 망가져 버린 다음에 후회하기 때문이야. 다른 사람의 불운 때문에 너까지 도매금으로 불운에 빠지는 건 너무 억울하잖아. 죽음의 늪에 빠진 사람을 구하겠다고 늪에 들어갔다가 빠져나오지 못하고, 함께 늪 속으로 사라지는 꼴이잖아.

불운한 사람을 가까이해서 이득을 본 사람 봤어? 불운한 사람을 돕지 않는다고 욕 한 번 먹는 게 훨씬 나은 거야. 망하는 사람 돕는다고 까불다가 같이 망하는 법이니까. 불운으로 망하는 놈 빚보증 섰다가 같이 망하잖아. 빚보증 서주지 않았다고, 욕 한 번 먹는 게 낫지. 차라리 욕 한 번 먹고, "안녕!" 하는 게 훨씬 낫지 않겠니?

망하는 놈 만날 시간 있으면, 그 시간에 잘나가는 사람을 만나! 좋은 운으로 잘나가는 사람을 만나면, 그 사람의 좋은 운이 나에게도 그대로 전달되는 거야. 그럼 나도 그 좋은 운으로 잘나가게 되겠지. 옆 사람의 운은 좋은 것이든, 나쁜 것이든 내가 그를 가까이하는 순간, 그대로 내게 전염된다는 걸 잊지 마!

좋은 운을 받고 싶지?
그럼 운 좋은 사람 만나!

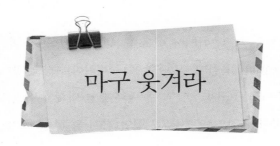

마구 웃겨라

제이!

마구 웃겨라! 내 주위에 있는 사람들은 "항상 웃고 싶어 죽겠다는
사람이다."라고 생각하면 어떻겠어? 영국의 시인 위스턴 휴 오든은
"내가 좋아하거나 존경하는 사람들의 공통분모는 찾을 수 없지만, 내
가 사랑하는 사람들의 공통된 특징은 찾을 수 있다. 그들은 나를 웃
게 만든다."라고 말했어. 주위 사람들에게 사랑받고 싶으면, 그들을
웃게 만들어 봐! 인생에서 가장 의미 없이 보낸 날을 꼭 찍어서 골라
보라고 한다면, 그날은 언제일까? 그건 바로 한 번도 웃지 않고 보낸
날 아니겠어?

미국의 가수 지미 버핏은 "웃을 수 없다면, 모두 돌아버릴 것이다."라고 하잖아. "웃을 수 없다면, 돌아버린다!" 정말 명언 중의 명언 아니야? 너도 누군가가 웃겨 준 덕분에 돌지 않았잖아. 그렇다면, 너도 누군가가 돌지 않도록 웃겨 줘야 하지 않겠니? 웃기는 사람이 성공하는 거야!

"신은 우리가 성공할 것을 요구하지 않는다. 우리가 노력할 것을 요구할 뿐이다."라고 한, 마더 테레사의 메시지를 이렇게 바꾸면 어떨까? "신은 우리가 성공할 것을 요구하지 않는다. 우리가 남을 웃길 것을 요구할 뿐이다." 더 멋진 메시지로 바뀐 것 같지 않아? 희극에서도 가장 인기 있는 배우는 바보잖아. 그 이유는 바로 바보가 가장 잘 웃기기 때문일 거야. 알고 보면, 가장 어려운 배역도 바보잖아. 하지만 바보 역을 맡은 배우는 진짜 바보가 아니야. 그 웃기던 바보가 진짜 명배우 아냐? 인생살이도 희극에서처럼 정신없이 웃기면, 인기는 올라가고, 돈은 저절로 따라오는 거 아니겠어?

독일의 통일을 이뤄 낸 헬무트 콜 수상은 "나 하나 웃음거리가 되어, 국민이 즐거울 수 있다면, 얼마든지 바보가 되겠다."고 하더니, 정말 웃기는 사람이야. 이 이야길 한번 읽어 봐!

어느 날 그가 정원을 청소하다가, 수류탄 세 개를 주웠다는 거야. 근데, 조심스럽게 수류탄을 집어 들고는, 아내와 함께 차를 타고, 그 수류탄을 경찰서에 가져가는데, 아내 하네로레 여사가 이렇게 말하며 걱정했다는 거야. "여보! 가는 도중에 수류탄 하나가 터지면, 어떡하죠?" 그러자 그가 잠시 생각하더니, 이렇게 말했다고 해. "여보! 걱정하지 마! 그럼 경찰에겐 두 개를 주웠다고 말하면, 되잖아!"

그 양반 웃기는 사람이라고? 헬무트 콜이 웃기는 양반이라고 말하는 것보다는, 마구 독일 국민을 웃기다 보니, 어느새 수상이 되었다고 말하는 것이 더 어울리지 않겠어? 인기든, 돈이든 얻고 싶다면, 너도 마구 웃겨 봐!

웃기는 게 바로, 최고의 리더십이니까!

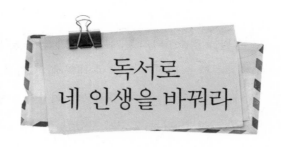

독서로
네 인생을 바꿔라

제이!

    독서로 네 인생을 바꿔 봐! 책이란 뭐라고 표현하고 싶어? 뭐? 흰
건 종이요, 검은 건 글씨라고? 그건 나도 알아! "책이란 인생의 길잡
이다!" 이 말 어떠니? 미국에서 가장 존경받는 사상가이자 문화비평
가로 알려진 벨 훅스도 "나는 삶을 변화시키는 아이디어를 항상 책
에서 얻었다."라고 하는 말, 넌 못 들어 봤어? 또 앤드류 매튜스도
"아이디어를 듬뿍 주고, 영감을 불러일으키는 책을 읽어라."고 주문
하잖아.

그럼, 좋은 책을 선택하는 무슨 특별한 비법이 있을까? "나의 독서 법칙은 세 가지다. 첫째, 1년이 지나지 않은 책은 읽지 않는다. 둘째, 유명한 책만 읽는다. 셋째, 좋아하는 책만 읽는다."라고 한, 에머슨의 말을 참고하면 어떨까? 꽤 괜찮을 것 같잖아. "돈이 좀 생기면 책을 사고 나서, 남은 돈이 있으면 빵과 옷을 산다."고 하는 사람도 있잖아. 근데, 넌 돈이 좀 생기면, 빵과 옷을 사고 나서 남은 돈이 있으면 책을 사?

"가장 훌륭한 벗은 가장 좋은 책이다." 이 말 잘 새겨들어 봐! 그렇다고 무조건 많이 가지고 있는 게 장땡은 아니야. 읽지도 않고, 먼지 뒤집어쓴 채로 쌓아둔 책은 휴지 뭉치만도 못한 것 아니겠어? 읽지도 않으면서, 책을 많이 가지고 있다고 자랑하는 사람은 천박한 사람이야. 오죽했으면 "책과 친구는 수가 적고 좋아야 한다."는 속담까지 생겼겠어? 좋은 책은 단 한 권으로도 족한 거야.

누군가 "좋은 책을 읽는다는 것은, 과거의 가장 훌륭한 사람과 대화를 나누는 것과 같다."고 했으니, 오늘은 좋은 책 한 권 사서 읽어 보는 게 어떻겠니? 오프라 윈프리도 "독서가 내 인생을 바꿨습니다."라고 인터뷰했잖아.

너도 독서로 인생을 확 바꿔 봐!

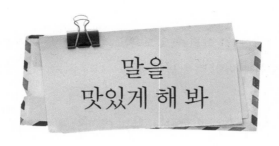

말을 맛있게 해 봐

제이!

말을 맛있게 해 봐! 말에도 각자 독특한 향기가 난다고 하잖니? 입술에 좋은 향수라도 좀 찍어 바르고 말하면, 어떻겠니? 좋은 말은 자신을 위한 기도라고 하니깐. 일단 좋은 말만 써 봐! 바로 복이 데굴데굴 굴러들어올 말 말이야.

그 사람이 없는 곳에서 그의 장점만을 말해 봐! 그럼 그 사람도 네가 없는 곳에서 너의 장점만을 찾아서 말하지 않겠어? 세상사 모든게 다 품앗이잖아. 별 소득도 없으면서, 남 욕하지 마! 바보들이나 함부로 남을 헐뜯고 다니잖아. 남이 잘되도록 도와줄 수 있는 말을 해 봐! 그래야 남도 네가 잘될 수 있도록 도와주는 말을 하지 않겠어? 남에게 복을 주는 사람이 복을 받는 거야.

모든 게 다 품앗이라고 했잖아. 특히 어려울 때, 도와준 친구가 진짜 친구잖아. 그런 친구에게 은혜를 갚기는커녕, 헐뜯는 말을 하고 싶은 충동이 생길 땐, 차라리 입을 빨래집게로 막아버려! 그렇게 하는 것이, 그나마 목숨이라도 건질 수 있는 길이니까. "죽마고우도 말 한마디에 갈라진다."고 하잖아. 아무리 가까운 사이라도 말을 함부로 해대면, 사이가 벌어지게 되는 거야. 말을 맛있게 하라는 것은 바로, 상대가 듣기 좋게 좋은 말을 골라서 하라는 거, 잘 알지?

윌리엄 셰익스피어는 "당신의 입술에게 경멸하는 말을 가르치지 말라! 그 입술은 입맞춤하려고 있는 것이지, 누군가를 멸시하는 말을 하기 위해 만들어진 것이 아니다."라고 했어. 말하기 전에 먼저 입술에 좋은 향수라도 찍어 발라 봐! 향기로운 말이 나올지도 모르니까. 그래도 향기로운 말이 안 나오거든, 가장 좋은 비법을 앞에서 알려줬잖아. 빨래집게로 입을 꽉 집어서 막아버려! 아픈 것은 잠시뿐이야. 하지만 입을 떠난 말은 죽을 때까지 너를 괴롭히잖니? 죽을 때까지 괴로운 것보다는, 잠시 아픈 게 훨씬 나아.

말을 맛있게 하면 복이 굴러온다!
너도 그렇게 생각하지?

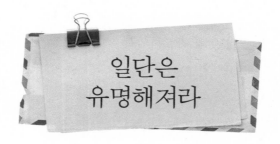

일단은
유명해져라

제이!

일단은 유명해져! 그래야 네가 무슨 말을 하든, 네 말에 박수를 쳐
주지 않겠어? 하고 싶은 말이 있어도 그때까지 참아! 성공하기 전엔
아무리 떠들어 봤자, 그건 다 헛짓이야. 네 말을 아무도 들어주지 않
는다고, 투덜댈 것도 아니야. 사람들은 네가 유명하고 잘났다고 생각
하면, 누가 시키지 않아도 네 말을 들으려고 산더미처럼 몰려와. 이제
는 알겠니? 하고 싶은 말이 있어도 참으라고 한 이유를 조금은 알겠
지? 뭐? 성공이 뭐냐고? 그건 좋은 쪽으로 유명해지는 것 아니겠어?

미국의 화가이며 영화 제작자이자 세계적인 팝 아트의 제왕으로 불렸던 앤디 워홀도 "일단 유명해져라, 그러면 사람들은 네가 똥을 싸도 박수를 쳐 줄 것이다."라고 했잖아? 이렇게 좋은 쪽으로 유명해지는 것, 그 자체가 성공이 아니겠어? 유명한 사람은 똥을 싸도, 박수를 받는다고 하잖니?

너도 박수를 받고 싶으면, 유명해져 봐! 어떻게 하면, 유명해질 수 있냐고? 이 말을 잘 새겨들어 봐! "나약하고 게으르며, 목표도 없는 사람에게는 행복한 일이 결코 일어날 수 없다. 행운은 아무 의미도 발견할 수 없기에 그의 곁을 지나쳐버린다." 이 말은 스코틀랜드 작가 새무얼 스마일즈가 들려준 말이야. 이 말을 "나약하고 게으르며, 목표도 없는 사람은 결코 유명해질 수 없다. 행운은 아무 의미도 발견할 수 없기에 그의 곁을 지나쳐버린다."라고 바꿔서 읽어보면, 어떻게 해야 유명해질 수 있는지를 알 수 있겠지?

노력 없이 얻을 수 있는 "유명"이라는 명찰은 어디에도 없어. 내가 쉬우면 남도 쉽고, 내가 힘들면 남도 힘든 거야. 또 네가 졸려 죽겠으면, 다른 사람도 졸려 죽을 지경이겠지? 일단 지금은 똥개 취급받더라도 죽도록 노력해 봐! 어떤 대우를 받더라도 성공할 수 있다는 신념만 있다면, 마음은 즐겁잖니? 성공한 후에 정승처럼 즐기면 되잖아.

"실패를 두려워하지 말라! 많은 사람들이 성공하기 위해 실패한다. 성공한 사람들도 그 전에 많은 불행을 경험한다." 농구 황제 마이클 조던이 하루에도 수천 번씩 농구공을 던지면서 한 말이야. 마이클 조던이 하루아침에 그냥 황제 된 거 아니잖니? 너도 포기하지 마! 조금만 더 가면 "유명"이란 명찰이 기다리고 있을 거야. 그럼 너도 유명해질 수 있겠지?

그땐 너도 한번 맘대로 똥을 싸 봐!
사람들이 박수 쳐 줄 거야.

입장 바꿔
생각해 봐

제이!

입장 바꿔 생각해 봐! 한 번쯤은 다른 사람의 입장도 생각해 봐야 겠지? 네가 먼저 다른 사람의 입장에서 생각하면, 그도 네 입장에서 생각해 주지 않겠니? 자동차 왕으로 불리는 미국의 자동차 회사 〈포드〉의 창설자인 헨리 포드는 "성공의 비결이 있다면, 그것은 다른 사람의 입장이 되어서, 모든 것을 생각하는 것이다."라고 하잖니? 다른 사람의 입장에서 생각하는 것이 바로 성공으로 향하는 출발이라는 것, 잊지 마!

그리고 이 말도 잘 들어 봐! 내가 아주 좋아하고, 애용하는 거야. 너에게만 특별히 알려 줄게. "성공의 비결은 〈남에게 대접받고자 하는 대로 남을 대접하라!〉는 황금률에 있는 것이다." 이 말은 존 코맥넬이라는 사람이 했어. 오직, 이 말이 마음에 들어서 오랫동안 가슴 깊이 새겨두었지. 그 황금률이 바로 역지사지易地思之의 마음이잖아. 지금은 그것이 나의 좌우명이 되어버렸어. 살면서 가장 실천하기 어려운 것 중 하나가 바로, 이 역지사지의 마음을 지니는 것 아니겠어? 그러니까 성경에서도 인간관계에서 지켜야 할 가장 중요한 원칙을, 이 황금률로 삼은 것이겠지.

　인간관계에서 지켜야 할, 이 황금률을 한 번 더 읽어 줄게. 눈을 감고 들어 봐! "무엇이든지 남에게 대접받고자 하는 대로 너희도 남을 대접하라. 이것이 율법이니라." 어때? 동서고금을 막론하고, 인간관계의 모든 원칙을 압축한 말이라고 할 수 있지 않겠니? 누구나 자신은 그러한 삶을 살고 있다고 말하지만, 그건 완전 착각이야.

정말로 그렇게 살았는지,

다시 한번 생각해 봐!

너도 가슴속 깊이 이 황금률을 간직해 두고,

애용해 봐!

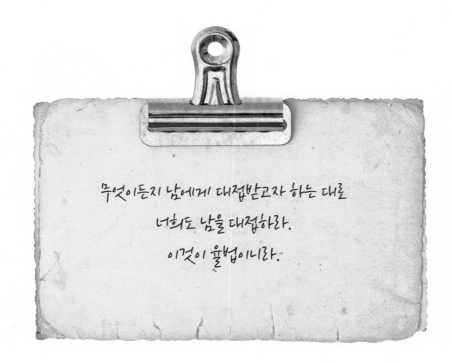

무엇이든지 남에게 대접받고자 하는 대로

너희도 남을 대접하라.

이것이 율법이니라.

대한민국의 청춘 '제이'에게
행복과 긍정의 에너지가
팡팡팡 샘솟으시기를 기원드립니다!

권선복
(도서출판 행복에너지 대표이사, 한국정책학회 운영이사)

역경을 이겨낼 의지와 도전 정신이 없이는, 가슴에 품은 원대한 꿈을 현실로 이뤄내기란 불가능합니다. 더불어 끊임없이 자신의 삶을 되돌아보고 더 나은 내일을 살아가기 위해 노력해야 합니다. 특히, 치열한 자기반성과 자아성찰은 성공으로 나아가는 길에 반드시 갖춰야 하는 태도입니다. 스스로를 다그치고 독려하고 행복으로 이끄는 '자아'의 존재 유무가 성패를 가르는 잣대라 할 수 있습니다.

책『울지 마! 제이』는 험난한 세상 앞에서 홀로 선, 또 다른 자아 '제이'에게 전하는 삶의 지혜와 성공 노하우를 담고 있습니다. 자기반성의 계기와 깨달음을 주는, 선인들의 명언과 명문이 저자의 생생한 경험과 어우러져 읽는 이의 마음에 도전 정신과 용기를 불어넣어 주고 있습니다. 아울러 30년 차 경찰공무원이자 현재 충남지방경찰청 청장으로 재직 중인 저자의 어린 시절을 올곧은 길로 이끈 좋은 가르침들이 책 곳곳에서 환하게 빛을 발하고 있으며, 현 시대 우리 사회에 가장 필요한 가치들이 무엇인지를 명쾌하게 풀어냅니다. 세상살이의 무거운 무게 앞에서 방황하는 수많은 '제이'들을 위해 자신의 삶의 노하우와 열정을 아낌없이 한 권의 책에 담아 주신 김재원 저자님께 큰 응원의 박수를 보냅니다.

성인이 되기 전까지 꿈은 불분명하고 세상은 두려운 존재이기 마련입니다. 현대사회에서는 성인이 된 후에도 치열한 경쟁 속에서 불안한 나날을 보내야만 합니다. 지금도 최악의 실업난 속에서 수많은 청년들이 방황하고 있습니다. 이 책이 우리 청소년, 청년들의 자신만의 명확한 꿈을 찾는 데 길잡이가 되어 주기를 바라오며, 이 책을 읽는 모든 분들의 삶에 행복과 긍정의 에너지가 팡팡팡 샘솟으시기를 기원드립니다.

와인 한 잔에 담긴 세상
김윤우 지음 | 값 15,000원

책 『와인 한 잔에 담긴 세상』은 와인에 대해 절대 연구할 필요도 없고 고민할 필요도 없는 술이라고 강조한다. 그저 편안하게 있는 그대로를 즐기면 되는 음료이자, 하나의 멋진 취미생활이자 직업이 될 수 있는 술이라고 말한다. 저자는 "슬픈 사람을 기쁘게 만드는 신비의 힘, 그것이 바로 와인이다."라고 하며 "와인을 알게 되면서 경험했던, 그래서 풍요로운 인생을 경험했던 와인과 관련된 인생의 경험들을 여행으로, 파티로, 음식으로 풀어낸 일상의 이야기"라고 책에 대해 이야기한다.

아이디어맨이여! 강한 특허로 판을 뒤집어라
정경훈 지음 | 값 15,000원

책은 전문용어를 가능한 한 배제하고 쉬운 용어를 사용하여, 복잡한 특허문제들을 간단하게 풀어나간다. 비전문가들이 좀 더 편안하게 특허에 대해서 이해할 수 있도록 배려했으며, 경영자 또는 특허담당자들도 쉽게 특허를 이해하는 데 도움을 주고 있다. 강한 특허에 주목해야 하는 까닭부터 시작하여, 반드시 알아야 할 특허상식, 그리고 출원 전후의 특허상식과 CEO가 알아야 할 특허상식 등을 다양한 예시와 도표를 통해 제시하여 독자의 이해를 돕는다.

아, 아름다운 알래스카!
김정구 지음 | 값 18,000원

책 『아, 아름다운 알래스카!』는 저자가 우리에게 어렵고 먼 곳으로만 느껴지는 미지의 땅 알래스카에서 보낸 50일간의 여정을 소개하며, 알래스카라는 신비로운 영토에 대한 흥미를 불러일으킨다. 사람의 발길이 잘 닿지 않는 곳이나 숨겨진 곳 구석구석을 직접 걷고 느낀 바를 생생하게 전달하며 독자로 하여금 여행의 참 의미를 되새기게 한다.

행복을 부르는 마술피리

김필수 지음 | 값 16,000원

책 『행복을 부르는 마술피리』에는 성공을 거머쥐고 행복을 품에 안기 위해 우리가 반드시 깨달아야 할 소중한 가치들이 빼곡히 담겨 있다. 피상적인 미사여구와 관념적 지식으로 채워져 실천에 도움이 되지 않는 자기계발서와는 달리, 생명력과 위트 넘치는 실천적 메시지가 가득 담겨 있다.

생각의 중심

윤정대 지음 | 값 14,000원

책 『생각의 중심』은 동 시대를 살아가며 보고 듣고 느낄 수 있는 이야기들에 대해 저자의 시각과 생각을 모아 담은 것이다. 2015년 겨울부터 2016년 여름까지 우리 사회에 주요 이슈로 다루어졌던 사건들에 대한 견해들이나 개인적인 경험담 등 다양한 소재들을 활용해 거침없이 글을 풀어내었다. 정치, 법률제도와 같은 사회문제는 물론 존재와 성찰이라는 철학적 사유까지 글쓰기의 깊은 내공으로 독자들에게 즐거움을 선사하고 있다.

마리아관음을 아시나요

황경식 지음 | 값 15,000원

책 『마리아관음을 아시나요』는 세계의 종교와 문화가 다른 것 같아도 그 안에는 인류를 하나로 묶는 강력한 구심점으로 '모성애'가 있다는 것을 강조한다. 책은 이러한 모성애의 상징으로 서양 기독교의 '성모 마리아', 동양 불교의 '송자 관음보살' 그리고 한국 전통문화 속에 깊이 침잠되어 전해 내려온 '삼신할미 신앙'을 예로 들며 각 종교의 전승과 유래, 모성애적 상징 등 흥미로운 이야기들을 설명한다.

하루 5분나를 바꾸는 긍정훈련
행복에너지

'긍정훈련'당신의 삶을
행복으로 인도할
최고의, 최후의'멘토'

'행복에너지
권선복 대표이사'가 전하는
행복과 긍정의 에너지,
그 삶의 이야기!

인터파크
자기계발 분야 주간
베스트 1위

권선복 지음 | 15,000원

권선복

도서출판 행복에너지 대표
지에스데이타(주) 대표이사
대통령직속 지역발전위원회
문화복지 전문위원
새마을문고 서울시 강서구 회장
전) 팔팔컴퓨터 전산학원장
전) 강서구의회(도시건설위원장)
아주대학교 공공정책대학원 졸업
충남 논산 출생

책『하루 5분, 나를 바꾸는 긍정훈련 - 행복에너지』는 '긍정훈련' 과정을 통해 삶을 업
그레이드하고 행복을 찾아 나설 것을 독자에게 독려한다.
긍정훈련 과정은[예행연습] [워밍업] [실전] [강화] [숨고르기] [마무리] 등 총
6단계로 나누어 각 단계별 사례를 바탕으로 독자 스스로가 느끼고 배운 것을 직접
실천할 수 있게 하는 데 그 목적을 두고 있다.
그동안 우리가 숱하게 '긍정하는 방법'에 대해 배워왔으면서도 정작 삶에 적용시키
지 못했던 것은, 머리로만 이해하고 실천으로는 옮기지 않았기 때문이다. 이제 삶을
행복하고 아름답게 가꿀 긍정과의 여정, 그 시작을 책과 함께해 보자.